Thailändische
Küche

Thailändische
Küche

Alle Texte: Jutta Gay, Köln
Coverfoto: Studio Klaus Arras, Köln
Rezeptfotos: Studio Klaus Arras; Mitarbeit: Katja Briol
Fotos S. 8/9: Margarete Rosa Voigtländer, Köln
Alle übrigen Fotos: Susanne Strotmann, Köln

Gesamtherstellung: Naumann & Göbel Verlagsgesellschaft mbH
ISBN 978-3-625-12704-8

www.naumann-goebel.de

Inhaltsverzeichnis

Vorwort und Warenkunde

Süß, salzig, scharf und sauer

Die Küche Thailands ist eine der beliebtesten der Welt. Die meisten Gerichte verbinden die vier Geschmacksrichtungen scharf, süß, salzig und sauer auf wundervoll ausgewogene Weise. Exotische Gewürze, knackiges Gemüse, cremige Currys und eine einfache und schnelle Zubereitung tragen ihren Teil dazu bei, dass thailändisches Essen so beliebt ist wie nie.

Doch von einer einzigen thailändischen Küche zu sprechen würde Thailand nicht gerecht. Fast ebenso vielfältig wie die Currypasten – von denen fast jede Familie ihre ganz besonderen, gut gehüteten Rezepte besitzt – sind die Standardgerichte, wenn man das Land von Norden nach Süden bereist. Das lang gezogene Land grenzt im Norden an Birma und Laos, im Osten an Kambodscha und den Golf von Thailand, im Süden an Malaysia und im Westen an den Indischen Ozean. Jedes dieser Länder hat – zusammen mit Indien und China – die thailändische Regionalküche beeinflusst. Hinzu kommen religiöse Besonderheiten, die die Hindus, Moslems und Christen mit einbrachten, und die Einflüsse, die die Portugiesen, Franzosen und Niederländer ab dem 17. Jahrhundert hinterließen. Wussten Sie, dass die Chilischoten beispielsweise erst durch die portugiesischen Missionare nach Thailand kamen?

Liebe zum Essen

Aber in welcher Region man auch ist – eines ist immer gleich: die Liebe der Thailänder zum Essen. Man könnte fast von einer Religion sprechen, solch einen besonderen Stellenwert nehmen Essen und Küchenkultur in Thailand ein. Essen ist Thema vieler Unterhaltungen, und damit auch sichergestellt ist, dass überall gegessen werden kann, finden sich in Thailand fast an jeder Ecke mobile Garküchen: ob an Bushaltestellen oder Bahnstationen, in Tempelanlagen oder Parks. In ländlichen Gegenden begrüßen sich die Menschen heute noch mit der Frage: „Hast du schon gegessen?" Kein Wunder also, dass bei solch einem Stellenwert die Küche Thailands als eine der besten der Welt gehandelt wird. Bevor Sie nun etwas über typische Zutaten und klassische Grundrezepte erfahren – und vor allem, bevor Sie sich ans Kochen der köstlichen Rezepte machen –, ein Tipp zum Schluss: Gehen Sie behutsam mit der Schärfe um. Für europäische Gaumen ist die verwendete Anzahl der Chilischoten bisweilen einfach zu hoch. Halbieren Sie also gegebenenfalls die Menge und entkernen Sie die Schoten vor der Verwendung – das ist allemal besser, als die vielen Geschmacksrichtungen der Speisen nicht mehr schmecken zu können. Nach ein paar Rezepten haben Sie sicher den Dreh raus, wie viel Schärfe Ihnen schmeckt.

Warenkunde

Asiatische Schalotten

Diese kleine rote Zwiebelart hat einen sehr feinen Geschmack und wird auch als Thai-Zwiebel bezeichnet. Klein geschnitten aromatisiert sie viele Gerichte und darf in keiner Currypaste fehlen. Man kann sie durch europäische Schalotten ersetzen.

Auberginen

In Thailand ein sehr beliebtes Gemüse – mit deutlich mehr Sorten als in Europa. In der Größe variieren sie von erbsenklein über tischtennisballgroß bis hin zu der Größe der europäischen Auberginen. Es gibt sie in Weiß, Gelb, Grün, Violett und sogar gestreift. Die ganz kleinen Exemplare werden vor dem Servieren nur kurz erhitzt, sind aber wegen ihres recht bitteren Aromas nicht jedermanns Sache. Die etwas größeren runden Auberginen werden geviertelt.

Bambussprossen

Die feinen Triebe der Bambuspflanze sind eine beliebte knackige Gemüsezutat für allerlei Wok-Gerichte, aber auch für Suppen. Sie besitzen ein feines und charakteristisches Aroma. Hauptsächlich sind sie bei uns als Dosengemüse erhältlich, bisweilen gibt es sie im Asia-Laden im Ganzen vorgekocht und eingeschweißt, was den Dosen qualitativ überlegen ist.

Bohnensauce

Diese sehr aromatische und salzige Würzsauce gibt es im Asia-Shop entweder in Gläsern oder in Flaschen. Sie wird aus fermentierten gelben Sojabohnen, Mehl, Essig, Gewürzen und Salz hergestellt.

Chilischoten

Außer Süßspeisen kommen thailändische Gerichte kaum ohne die scharfen Schoten aus, die sich für europäische Geschmacksnerven gerne auch allzu üppig in den Vordergrund des exotischen Geschmackserlebnisses rücken. Während auf thailändischen Märkten eine Fülle von Sorten angeboten wird, findet man in Asia-Läden die zwei gebräuchlichsten: klein und grün oder klein und rot. Da eine Faustregel besagt: je kleiner, desto schärfer, sollte man sich von der Größe nicht täuschen lassen. Viel von dem schärfegebenden Capsaicin findet sich in den Kernen der Chilis – diese können daher für empfindlichere Gaumen entfernt werden. Doch Vorsicht: Nach der Küchenarbeit mit Chilis sollten die Hände immer gründlich gewaschen werden. Auf Nummer sicher geht der, der Handschuhe trägt.

Eiernudeln

Sie werden aus Weizenmehl und Eiern hergestellt und haben eine ähnliche Form wie Spaghetti. Man kocht Eiernudeln entweder in Salzwasser oder in Brühe – oder man verwendet Schnellkoch-Eiernudeln, die lediglich mit kochendem Wasser überbrüht werden und danach nur kurz ausquellen müssen.

Erdnussöl

Dieses in der asiatischen Küche beliebteste Öl eignet sich besonders gut zum Braten und Frittieren. Da es nicht so viele mehrfach ungesättigte Fettsäuren enthält, sollten der Gesundheit zuliebe aber auch andere Öle zum Einsatz kommen, wie zum Beispiel Sojaöl.

Fischsauce

Diese salzige Würzsauce wird aus Fisch- und Krabbenkonzentrat hergestellt und ist eine der wichtigsten Würzsaucen der thailändischen Küche. In vielen Gerichten ersetzt sie vollständig das Salz.

Galgant

Auch unter dem Namen „Thai-Ingwer" bekannt und botanisch auch mit diesem verwandt, schmeckt Galgant ähnlich würzig und mild pfeffrig. Achten Sie beim Einkauf auf feste frische Knollen – falls Sie keinen Galgant erhalten, können Sie auch Ingwer verwenden.

Garnelenpaste

Der extrem intensive Geruch der Paste ist für viele Europäer gewöhnungsbedürftig und sollte daher gut verschlossen aufbewahrt werden. Wohldosiert verleiht die Paste allerdings vielen Gerichten den letzten Schliff. Es gibt sie in verschiedenen Konsistenzen und Farben, von rosa bis braun, von weich bis fest.

Ingwer

Mittlerweile ist Ingwer auch bei uns sehr beliebt, sodass man ihn fast in jedem Supermarkt oder beim Gemüsehändler findet. Die interessant aussehenden Wurzeln verleihen Speisen nicht nur ein scharf-zitroniges Aroma, sondern sind in Asien auch eine äußerst beliebte Heilpflanze, die bei allerlei Beschwerden Abhilfe schaffen soll. Frisch verleiht er sehr vielen Gerichten erst den letzten Schliff – Ingwerpulver kann das Aroma nur unzureichend ersetzen und sollte wenn möglich nicht eingesetzt werden.

Kaffir-Limetten

Diese in Thailand besonders beliebte Limettenart enthält nicht so viel Saft wie ihre europäischen Verwandten – dafür ist ihre runzelige Schale ganz besonders

aromatisch. Falls Sie keine unbehandelten Exemplare bekommen, können Sie aber problemlos europäische Bio-Limetten verwenden.

Kaffir-Limettenblätter

Die dunkelgrünen Blätter duften intensiv nach Zitrusfrucht und verleihen vielen thailändischen Gerichten ein frisches und köstliches Aroma. Bisweilen findet man die Blätter frisch im Asia-Laden, ansonsten tiefgekühlt. Auf getrocknete Blätter sollte man verzichten – sie fallen aromatisch im Vergleich zu den frischen oder tiefgekühlten deutlich ab.

Kokosnuss

Kokosmilch ist für viele Thai-Gerichte unabdingbar. Es gibt sie sowohl in der Dose als auch im Tetrapak in guter Qualität – falls Sie aber dennoch einmal keine Fertigprodukte verwenden möchten, können Sie Kokosmilch auch selbst zubereiten: das Kokosnussfleisch zerkleinern, mit 250 ml kochendem Wasser übergießen und die Mischung nach 20 Minuten pürieren. Bei herzhaften Gerichten findet immer die ungesüßte Kokosmilch Verwendung. Sie unterscheidet sich von der ebenfalls angebotenen Kokoscreme durch einen geringeren Anteil an Kokosfett.

Koriander

Das Kraut hat zwar Ähnlichkeiten mit der Petersilie – nur heller und feiner – und wird auch ganz ähnlich eingesetzt, es ist geschmacklich aber etwas völlig anderes. Koriander hat ein sehr spezielles Aroma, das man mag oder eben nicht. Außer den zarten Blättern, die in der Regel kurz vor dem Servieren untergehoben werden oder einfach nur über das Gericht gestreut werden, verwendet man auch die Wurzeln und die Samen der Pflanze.

Krachai

Krachai wird auch Fingerwurzel genannt und verdankt diesen Namen seinen langen, dünnen, fingerähnlichen Wurzeln. Er ist verwandt mit dem Ingwer, milder als dieser und verleiht bevorzugt Fischgerichten ein würzig-frisches Aroma. Falls nicht erhältlich, kann er durch Ingwer ersetzt werden.

Kreuzkümmel

Die Samen sind etwas größer als die in Europa gebräuchlichen Kümmelsamen und sind eher beige als dunkelbraun. Geschmacklich haben sie nichts mit dem bei uns gebräuchlichen Kümmel gemeinsam und besitzen ein intensives rauchig-scharfes Aroma. Kreuzkümmel – oder auch Cumin – ist Bestandteil der meisten Currypasten und darf in der Thai-Küche nicht fehlen.

Kurkuma

Diese auch Gelbwurz genannte Wurzelknolle verleiht Currypulver seine charakteristische leuchtend gelbe Farbe. Bisweilen werden in Asia-Läden auch frische Knollenstücke angeboten, die geschmacklich würziger sind als das Kurkuma-Pulver. Falls Sie frische Kurkuma verwenden: Die Knollen färben sehr stark – daher sind Handschuhe anzuraten. Ansonsten lässt sich frische Kurkuma verarbeiten wie Ingwer, also schälen und reiben oder klein hacken.

Palmzucker

Er ist nicht ganz so süß wie normaler Zucker und wird aus dem Saft einer speziellen Palmart gewonnen. Dieser wird entweder in Formen getrocknet, von denen dann die entsprechende Zuckermenge abgerieben wird, oder aber schon grob gerieben im Asia-Laden verkauft. Palmzucker lässt sich durch braunen Rohrzucker ersetzen, allerdings sollte dann die verwendete Menge etwas geringer ausfallen.

Pilzsauce

Diese vegetarische Würzsauce wird aus Shiitake-Pilz-Extrakt hergestellt und ist angenehm süßlich. Sie ist braun und dickflüssig und eine gute vegetarische Alternative zur Fisch- oder Austernsauce.

Reis

Das mit Abstand wichtigste Grundnahrungsmittel ist der Reis – so bedeutet das thailändische Wort für Essen auch so viel wie „Reis zu sich nehmen". Bei jeder Mahlzeit steht eine große Schüssel dampfender Reis auf dem Tisch. Sehr gerne wird Duftreis verwendet. Jasminreis hat, wie sich leicht vermuten lässt, ein besonders schönes Bouquet, das den Appetit anregt. Da die Thailänder hauptsächlich mit Gabel und Löffel oder aber mit den Fingern essen, ist auch Klebreis sehr beliebt.

Reisnudeln

Wie der Name schon sagt, werden diese weißen Nudeln nicht aus Weizen, sondern aus Reismehl hergestellt. Sie benötigen nur eine kurze Garzeit und werden bereits vor dem Kochen einige Minuten in Wasser eingeweicht.

Schnittknoblauch

Nicht nur optisch, sondern auch geschmacklich eine Mischung aus Schnittlauch und Knoblauch. Falls Sie bei Ihrem Asia-Laden nicht fündig werden, können Sie Schnittknoblauch also auch gut ersetzen.

Schlangenbohnen
Diese bis zu 90 cm langen Bohnen werden auch als Thai-Bohnen bezeichnet. Sie unterscheiden sich geschmacklich nicht von den europäischen grünen Bohnen und können bei Bedarf folglich durch diese ersetzt werden. Wie bei allen Bohnen gilt auch bei den Schlangenbohnen: Aufgrund eines giftigen Eiweißstoffes, dem sogenannten Phasin, der erst durch Erhitzen zerstört wird, müssen Bohnen vor dem Verzehr ca. 8 Minuten gegart werden. Da Phasin auch im Kochwasser enthalten sein kann, sollte dieses abgeschüttet und nicht weiterverwendet werden.

Sojabohnensprossen
Die zarten Keimlinge sind lecker, fein im Geschmack und obendrein auch noch gesund. Sie enthalten viele Mineralstoffe und Vitamine. Um diese nicht zu zerstören und den knackig-zarten Geschmack zu erhalten, werden die Sprossen in der Regel nicht mitgekocht, sondern lediglich kurz im Sieb überbrüht, kalt abgeschreckt und kurz vor dem Servieren unter die fertige Speise gehoben.

Sojasauce
In der thailändischen Küche findet die helle Sojasauce häufiger Verwendung als die dunkle, die im Geschmack intensiver und süßer ist. Sojasauce findet in äußerst vielen Gerichten Verwendung und gehört zu den meistgebrauchten Würzsaucen.

Süßkartoffeln
Sie schmecken angenehm süßlich und können geschält in Salzwasser oder in Stücke geschnitten im Wok gegart werden, eignen sich aber auch zum Frittieren. Die Sorten mit einer braunen Schale haben ein helles Fruchtfleisch, Sorten mit roter Schale sind innen leuchtend gelb und erinnern an Kürbis.

Tamarinde
Angeboten wird entweder ein Mark oder eine Paste, das vielen Gerichten ein säuerliches Aroma verleiht – beides hergestellt aus den Schoten des Tamarindenbaumes. Während die Paste einfach in das Gericht hineingerührt werden kann, wird das Mark vor der Verwendung in etwas heißer Flüssigkeit aufgelöst. Wer Tamarinde nicht erhält, kann stattdessen auch einmal Zitronensaft als Alternative versuchen.

Thai-Basilikum
Im Asia-Laden werden hauptsächlich zwei Sorten angeboten: rotes und grünes. Beide Sorten unterscheiden sich geschmacklich deutlich vom europäischen Basilikum. Das grüne ist etwas herber mit leichtem Süßholz-Geschmack, das rote ist schärfer und hat ein leichtes Gewürznelken-Aroma. In Thailand findet das Basilikum sehr häufig Verwendung und wird hauptsächlich kurz vor dem Servieren unter die Gerichte gehoben.

Tofu
Dieses rein pflanzliche Produkt wird aus Sojabohnen hergestellt und liefert sehr viel wertvolles Eiweiß. Tofu gibt es in unterschiedlichen Konsistenzen – je nach Verwendungszweck von fest bis sehr weich. Mittlerweile gibt es Tofu nicht nur im Asia-Laden, er wird auch in Bio-Läden und Reformhäusern angeboten.

Tongku-Pilze
Die Pilze sind auch unter dem Namen „Shiitake-Pilze" bekannt. Sie haben eine hellbraune Kappe, weiße Lamellen, einen weißen Stiel und sind von mittlerer Größe. Für Zuchtpilze haben sie ein bemerkenswert würziges Aroma und sind Bestandteil vieler Suppen und Currygerichte. Getrocknete Shiitake-Pilze werden vor der Verwendung rund 15 Minuten in lauwarmem Wasser eingeweicht – das würzige Einweichwasser kann beim Kochen gut mitverwendet werden.

Wasserkastanien
Auch nach dem Garen besitzen Wasserkastanien eine knackig-feste Konsistenz. Sie werden bei uns geschält und eingeschweißt oder aber in Konserven angeboten. Ihr leicht süß schmeckendes Inneres macht sie für viele Gerichte sehr beliebt – mit den europäischen Kastanien haben die Wasserkastanien allerdings nichts gemein. Sie sind die Knollen einer Wassergraspflanze.

Wasserspinat
Die langen zarten Triebe und Blätter schmecken sowohl roh als auch gekocht und enthalten obendrein viel Vitamin C. Falls man keinen Wasserspinat bekommt, kann man auch europäischen Spinat verwenden.

Zitronengras
Die langen harten Stängel dürfen in den meisten thailändischen Gerichten nicht fehlen. Vor dem Verwenden werden die trockenen äußeren Blätter entfernt. Verwendet wird das Zitronengras entweder im Ganzen – dann wird es unten besenartig eingeschnitten, sodass es sein feines Zitrus-Aroma abgeben kann und kurz vor dem Servieren herausgenommen – oder der weiße untere Teil der Stängel wird klein gehackt.

Snacks und Vorspeisen

Gurkensalat mit Erdnüssen

Für 4 Portionen
3 Salatgurken
100 g gesalzene Erdnüsse
1 Zwiebel
3 Knoblauchzehen
2 El Erdnussöl
Sojasauce
Austernsauce
Salz und Pfeffer zum Abschmecken

Die Gurken waschen, schälen und längs vierteln. Die Kerne entfernen und die Gurken fein raspeln. Die Erdnüsse im Mörser klein stoßen und unter die Gurken mischen. Die Zwiebel schälen und in sehr feine Würfel schneiden. Ebenfalls untermengen.

Die Knoblauchzehen schälen, fein hacken und in dem Erdnussöl goldbraun braten. Über den Gurkensalat geben und vorsichtig mit Soja- und Austernsauce und den Gewürzen abschmecken.

Zubereitungszeit: ca. 25 Minuten
Pro Portion ca. 180 kcal/756 kJ | 2 g F, 8 g KH, 8 g E

Hühnchen-Saté mit Erdnuss-Sauce

Für 4 Portionen
600 g Hühnerbrustfilet
1 kleine Zwiebel
1 Knoblauchzehe
1 El Chilipaste
450 ml Kokosmilch
2 El Fischsauce plus Fischsauce zum Abschmecken
1 El Zitronensaft
1 El Zucker
1 El Öl
200 g feine Erdnussbutter

Das Fleisch waschen, trocken tupfen, in 12 dünne Scheiben schneiden und ziehharmonikaartig auf Holzspieße fädeln.

Zwiebel und Knoblauch schälen und fein hacken. Mit der Chilipaste, 3 EL Kokosmilch, Fischsauce, Zitronensaft, Zucker und Öl zu einer Marinade verrühren. Die Marinade über die Fleischspieße geben und mindestens 30 Minuten, am besten aber über Nacht ziehen lassen.

Den Backofen auf Grillstufe stellen und die Spieße etwa 15 Minuten grillen (oder in einer Pfanne goldbraun braten).

In der Zwischenzeit die Sauce zubereiten. Dafür restliche Kokosmilch und Erdnussbutter in einem Topf bei geringer Hitze zu einer dickflüssigen Sauce einkochen und mit Fischsauce abschmecken. Zu den Fleischspießchen servieren.

Zubereitungszeit: ca. 40 Minuten (plus Marinier-, Grill- und Kochzeit)
Pro Portion ca. 752 kcal/3150 kJ | 60 g F, 42 g KH, 16 g E

Fischküchlein

Für 4 Portionen
350 g Rotbarschfilet
1 El rote Currypaste
1 Ei
2 El Fischsauce
1 Tl Zucker
1 Tl Speisestärke
2 Kaffir-Limettenblätter
8 grüne Bohnen
2 El Korianderblätter, ersatzweise Schnittlauch
geschmacksneutrales Öl zum Ausbacken

Den Fisch waschen, trocken tupfen und in Stücke schneiden. Zusammen mit der Currypaste und dem Ei in eine hohe Schüssel geben und mit dem Pürierstab zu einer glatten Paste mixen. Fischsauce, Zucker und Speisestärke dazugeben und gut verrühren.

Die Limettenblätter, Bohnen und den Koriander waschen und trocknen. Die Mittelstrebe der Blätter herausschneiden und die Blätter in sehr feine Streifen schneiden. Die Bohnen in feine Scheiben schneiden. Den Koriander fein hacken. Alles in die Fischpaste einrühren.

Einen Wok (ersatzweise eine Pfanne) ca. 1 cm voll mit Öl füllen und das Öl erhitzen. Die Fischpaste zu 8 kleinen Küchlein und nacheinander ca. 3 Minuten von jeder Seite in dem Öl frittieren. Mit einem Schaumlöffel aus dem Öl nehmen und auf Küchenpapier abtropfen lassen.

Zubereitungszeit: ca. 35 Minuten (plus Frittierzeit)
Pro Portion ca. 270 kcal/1134 kJ | 18 g F, 8 g KH, 18 g E

Hühnchen-Kokos-Suppe

Für 4 Portionen
1 cm frischer Galgant
2 Stangen Zitronengras
5 frische Kaffir-Limettenblätter
500 g Hühnchenfilet
500 ml Kokosmilch
5 El Fischsauce
2 El Zucker
2 Zweige Koriander
5 grüne thailändische Chilischoten
1 Tl schwarze Chilipaste (FP)
125 ml Limettensaft

Galgant, Zitronengras und Limettenblätter waschen und trocken tupfen. Den Galgant in 6 Scheiben schneiden, die weißen Teile des Zitronengrases in 2,5 cm große Stücke scheiden und zerstoßen, die Limettenblätter halbieren. Das Hühnerfleisch waschen, trocken tupfen und in Streifen schneiden.

Die Hälfte der Kokosmilch mit dem Galgant, dem Zitronengras und den Blättern der Kaffir-Limette in einen großen Topf geben und zum Kochen bringen. Hühnchen, Fischsauce und Zucker hinzugeben. Etwa 4 Minuten kochen lassen, bis das Hühnchen gar ist. Dann die restliche Kokosmilch hinzugeben und die Suppe erneut aufkochen lassen.

Koriander und Chilischoten waschen und trocken schütteln. Die Korianderblätter abzupfen und mit den Chilis hacken. In einer Suppenterrine die Chilipaste und den Limettensaft mischen und mit der Suppe übergießen. Korianderblätter und Chili getrennt dazu servieren.

Zubereitungszeit: ca. 30 Minuten (plus Kochzeit)
Pro Portion ca. 431 kcal/1806 kJ | 30 g F, 5 g KH, 40 g E

Sauerscharfe Shrimpssuppe

Für 4 Portionen
2 Knoblauchzehen
2 Stangen Zitronengras
2 Schalotten
125 g Strohpilze
5 thailändische grüne Chilischoten
750 ml Hühnerbrühe
5 Kaffir-Limettenblätter
3 dünne Scheiben frischer Galgant
60 ml Fischsauce
250 g geschälte Shrimps
60 ml Limettensaft
1 Tl Chilipaste
1 Tl Korianderblätter

Den Knoblauch schälen und fein hacken. Jeweils das untere Drittel der Zitronengrasstängel in 2,5 cm große Stücke schneiden. Die Schalotten schälen und fein würfeln, die Strohpilze in Scheiben schneiden. Dann die Chilischoten waschen und in Scheiben schneiden.

Die Hühnerbrühe bei mittlerer Hitze zum Kochen bringen. Knoblauch, Zitronengras, Schalotten, Pilze, Chilis, Limettenblätter, Galgant und Fischsauce hineingeben und 2 Minuten köcheln lassen. Shrimps hinzufügen, aufkochen lassen und ca. 1 Minute weiterköcheln lassen, bis die Shrimps pink und gar sind. Die Suppe vom Feuer nehmen und Limettensaft und Chilipaste einrühren. Mit Korianderblättern bestreut servieren.

Zubereitungszeit: ca. 35 Minuten (plus Garzeit)
Pro Portion ca. 150 kcal/630 kJ | 15 g F, 10 g KH, 20 g E

Garnelensalat mit frischer Mango

Für 4 Portionen
1 große feste Mango
7 rote Thai-Zwiebeln
3 Knoblauchzehen
100 g Ingwerwurzel
5 rote Chilischoten
2 Korianderzweige
300 g rohe ungeschälte Garnelen ohne Kopf
3 El Fischsauce

Die Mango schälen, in dünne Scheiben schneiden, dann fein würfeln. Zwiebeln und Knoblauch schälen und ebenfalls in feine Würfel schneiden. Den Ingwer schälen und in sehr feine Streifen schneiden.

Chilischoten waschen, halbieren und die Kerne und Stielansätze entfernen. Den Koriander waschen, trocken tupfen und zusammen mit den Chilis hacken.

Die Garnelen waschen, aus der Schale lösen und die Därme entfernen. 1,5 l Wasser in einem Topf zum Kochen bringen, die Garnelen 1 Minute darin garen, dann abgießen und abtropfen lassen.

Zwiebeln, Knoblauch und Chilis mit der Fischsauce verrühren. Mango, Garnelen und Ingwer hinzufügen und vermengen. In Portionsschälchen abfüllen und mit Koriander bestreut servieren.

Zubereitungszeit: ca. 20 Minuten
Pro Portion ca. 117 kcal/491 kJ | 2 g F, 12 g KH, 24 g E

Gedämpfter Kokosfisch

Für 10 Stück
3 große Bananenblätter
150 g Weißkohl (Strunk vorher entfernen)
1 frische Chili
350 g Pangasiusfilet
2 El rote Currypaste
250 ml Kokoscreme
2 El Fischsauce
2 El Limettensaft
2 El süße Chilisauce

Die Bananenblätter waschen, trocken tupfen und zwei Blätter in jeweils 5 möglichst gleich große Stücke schneiden. Den Weißkohl waschen, trocken schütteln und sehr fein schneiden. Die Chili waschen, trocknen, halbieren, die Kerne entfernen und die Schote fein hacken. Die Fischfilets in feine Streifen schneiden.

Die Currypaste mit der Kokoscreme in eine Schüssel geben, glatt rühren und den Fisch sowie die gehackte Chili unterheben. Die Fischfüllung auf die Bananenblätter verteilen, den Kohl darüberverteilen und mit Fischsauce beträufeln. Die Bananenblätter über dem Fisch zu kleinen Päckchen falten und mit Küchengarn verschnüren.

Einen Dämpfeinsatz mit dem dritten Bananenblatt auskleiden und die Fischpäckchen darin verteilen. Im Wok etwas Wasser zum Kochen bringen, den Dämpfaufsatz darüberstellen und den Fisch zugedeckt 7 bis 10 Minuten garen lassen.

Unterdessen den Limettensaft mit der Chilisauce verrühren. Den Fisch in den Päckchen servieren und Sauce dazu reichen.

Zubereitungszeit: ca. 45 Minuten (plus Garzeit)
Pro Portion ca. 130 kcal/546 kJ | 10 g F, 5 g KH, 10 g E

Rein vegetarisch

Cremiges Kartoffelcurry

Für 4 Portionen
1 Stück Galgant (ca. 4 cm)
2 Stangen Zitronengras
4 Koblauchzehen
2 Tl Koriandersamen
500 g festkochende Kartoffeln
500 g kleine Zwiebeln
4 El Öl
400 ml Kokosmilch
4 El helle Sojasauce
2 Tl Palmzucker
1 Tl Salz
2 El Currypulver
250 ml Gemüsebrühe

Galgant putzen, schälen und fein hacken. Zitronengras waschen, putzen und den unteren, weißen Teil erst in feine Ringe schneiden, dann hacken. Knoblauch schälen und fein hacken. Alles zusammen mit dem Koriandersamen in einen Mörser geben und zu einer Paste zerreiben.

Die Kartoffeln waschen, schälen und in 2,5 cm große Würfel schneiden. Die Zwiebeln schälen und vierteln. Öl in einem Topf erhitzen, die Gewürzpaste hineinrühren und sofort mit der Kokosmilch ablöschen. Alles gut verrühren, dann die Kartoffeln und die Zwiebeln mit Sojasauce, Palmzucker, Salz und Currypulver dazugeben. Wieder gut umrühren und die Gemüsebrühe dazugießen. Alles ca. 20 Minuten köcheln lassen, bis die Kartoffeln gar sind.

Zubereitungszeit: ca. 20 Minuten (plus Brat- und Kochzeit)
Pro Portion ca. 370 kcal/1550 kJ | 21 g F, 39 g KH, 5 g E

Leichtes Gemüsecurry

Für 4 Portionen
100 g Schlangenbohnen, ersatzweise grüne Bohnen
100 g Möhren
100 g Baby-Maiskolben
4 grüne Thai-Auberginen, ersatzweise 1 europäische Aubergine
25 g Krachai, ersatzweise Ingwer
3 El Öl
1 El rote Currypaste
500 ml Gemüsebrühe
3 Kaffir-Limettenblätter
2 grüne Chilischoten
2 El helle Sojasauce
1 Tl Zucker
1/2 Tl Salz
3 Stängel Thai-Basilikum

Bohnen waschen, putzen und in 3 cm lange Stücke schneiden. Die Möhren waschen, schälen und in Stifte schneiden. Die Baby-Maiskolben waschen, putzen und in 3 cm lange Stücke schneiden. Auberginen waschen, putzen, in 2,5 cm große Würfel schneiden und bis zur Verwendung in kaltes Wasser legen. Krachai oder Ingwer schälen und fein hacken.

Das Öl in einem Topf oder einem Wok erhitzen, die Currypaste einrühren und kurz anbraten, dann Krachai und Gemüsebrühe hinzugeben und zum Kochen bringen.

Die Limettenblätter fein hacken, die Chilis putzen, waschen und in feine Ringe schneiden. Beides zusammen mit dem Gemüse, der Sojasauce, Zucker und Salz zur Brühe geben, alles gut vermengen und ca. 5 Minuten gar kochen. Währenddessen das Basilikum waschen, trocken schütteln, die Blätter abzupfen. Basilikum unter das Curry rühren und servieren.

Zubereitungszeit: ca. 20 Minuten (plus Kochzeit)
Pro Portion ca. 223 kcal/935 kJ | 19 g F, 10 g KH, 3 g E

Süßsaures Gemüse-Obst-Curry

Für 4 Portionen
4 Knoblauchzehen
4 Baby-Maiskolben
3 Scheiben frische Ananas
1/2 Gurke
3 Zwiebeln
3 Tomaten
5 Frühlingszwiebeln
4 rote Chilischoten
2 Tl Maismehl
4 El Öl
4 El helle Sojasauce
2 Tl Zucker
1 Tl schwarzer Pfeffer

Knoblauch schälen und fein hacken. Baby-Maiskolben waschen und in ca. 2 cm große Stücke schneiden. Die Ananas schälen, das harte Mittelstück entfernen und in mundgerechte Stücke schneiden.

Gurke waschen, der Länge nach vierteln, entkernen und dann in dicke Stücke schneiden. Zwiebeln schälen, halbieren und in feine Scheiben schneiden. Tomaten waschen, putzen, vierteln und entkernen.

Frühlingszwiebeln waschen, putzen, das grobe Grün entfernen und den Rest in ca. 3 cm lange Stücke schneiden. Die Chilis putzen, innen und außen waschen. Das Maismehl mit 8 El kaltem Wasser verrühren und beiseitestellen.

Öl in einem Wok oder einer Pfanne erhitzen, den Knoblauch hineingeben und unter Rühren goldgelb braten. Nun unter ständigem Rühren Zwiebeln und Frühlingszwiebeln hinzugeben, dann Mais, Ananas, Gurke, Tomate und Chilis. Die Sojasauce, Zucker und Pfeffer daruntermischen und alles ca. 5 Minuten garen. Das Maismehlwasser dazugießen, einmal aufkochen lassen, um das Gericht zu binden, und servieren.

Zubereitungszeit: ca. 30 Minuten (plus Brat- und Garzeit)
Pro Portion ca. 289 kcal/1211 kJ | 18 g F, 28 g KH, 3 g E

Gebratener Gemüsereis

Für 4 Portionen
250 g thailändischer Duftreis
4 Knoblauchzehen
200 g Zuckerschoten
100 g Möhren
2 Tomaten
1 Scheibe frische Ananas
4 El Öl
4 El helle Sojasauce
2 Tl Zucker
1 Tl gemahlener weißer Pfeffer
1 Tl Salz
4 Stängel Koriander

Den Jasminreis in einem Sieb unter fließendem Wasser abspülen, bis das Wasser klar bleibt. Dann mit 350 ml Wasser in einen Topf geben, bei geschlossenem Deckel aufkochen. Anschließend den Deckel abnehmen, so lange rühren, bis der Wasserspiegel unterhalb des Reises liegt und die Oberfläche des Reises trocken aussieht. Nun bei geschlossenem Deckel auf kleinster Stufe ca. 20 Minuten gar dämpfen.

Den Knoblauch schälen und fein hacken, die Zuckerschoten waschen, putzen und halbieren. Möhren waschen, putzen, schälen und würfeln, Tomaten waschen, putzen, häuten, entkernen und Fruchtfleisch in kleine Würfel schneiden. Die Ananas schälen, das harte Mittelstück herausschneiden und Fruchtfleisch klein würfeln.

Zuckerschoten und Möhren in wenig kochendem Salzwasser ca. 2 Minuten bissfest blanchieren, herausnehmen, abschrecken und abtropfen lassen. Öl in einer Pfanne oder einem Wok erhitzen, Knoblauch darin goldbraun braten. Unter ständigem Rühren alle Zutaten bis auf den Koriander hinzugeben und erhitzen.

Koriander waschen, trocken schütteln, Blättchen abzupfen, über das Gericht streuen und servieren.

Zubereitungszeit: ca. 20 Minuten (plus Koch-, Brat- und Garzeit)
Pro Portion ca. 425 kcal/1782 kJ | 16 g F, 63 g KH, 6 g E

Cremiges Kürbiscurry

Für 4 Portionen

4 Schalotten
200 g Schlangenbohnen, ersatzweise grüne Bohnen
Salz
100 g Sojasprossen
200 g Süßkartoffeln
300 g Hokkaidokürbis
100 g Weißkohl
4 Tomaten
1 rote Chilischote
2 El Erdnussöl
3 frische Kaffir-Limettenblätter, ersatzweiße tiefgekühlt
400 ml Kokosmilch
150 ml Gemüsebrühe
1 El Palmzucker, ersatzweise brauner Zucker
2 Frühlingszwiebeln
2 El helle Sojasauce
2 El Limettensaft

Die Schalotten schälen und in grobe Stücke teilen. Bohnen waschen, putzen und in ca. 3 cm lange Stücke schneiden. In wenig kochendem Salzwasser ca. 8 Minuten blanchieren, dann herausnehmen, mit kaltem Wasser abschrecken und in einem Sieb abtropfen lassen. Sojasprossen in ein Sieb geben, mit kochendem Wasser überbrühen, dann kalt abschrecken und ebenfalls abtropfen lassen.

Süßkartoffeln schälen, Kürbis waschen, Kerne entfernen und beides in ca. 2 cm große Würfel schneiden. Weißkohl in Streifen schneiden, abbrausen und abtropfen lassen, Tomaten waschen, putzen, entkernen und würfeln. Chili putzen, innen und außen waschen und fein hacken.

Das Erdnussöl in einem Wok oder einer Pfanne erhitzen, die Schalotten darin unter Rühren anbraten. Süßkartoffeln, Kürbis, Kohl, Chili und Limettenblätter dazugeben und unter Rühren ca. 5 Minuten braten. Dann die Tomatenwürfel hinzugeben, alles mit Kokosmilch und Brühe ablöschen, Palmzucker einrühren und ca. 15 Minuten sanft köcheln lassen, bis alles gar ist. Frühlingszwiebeln waschen, putzen und in feine Ringe schneiden.

Zum Schluss die Bohnen und die Sojasprossen vorsichtig untermengen, alles mit Sojasauce, Limettensaft und Salz abschmecken und mit Frühlingszwiebelringen bestreut servieren.

Zubereitungszeit: ca. 30 Minuten (plus Brat- und Kochzeit)
Pro Portion ca. 258 kcal/1083 kJ | 14 g F, 27 g KH, 6 g E

Auberginen-Zuckerschoten-Curry

Für 4 Portionen
100 g Zuckerschoten
3 Schalotten
2 El Erdnussöl
2 El grüne Currypaste
200 ml Gemüsebrühe
400 ml Kokosmilch
4 runde Thai-Auberginen, ersatzweise 1 große europäische Aubergine
600 g Süßkartoffeln (ca. 3 Stück)
1 unbehandelte Limette
3 Stängel Koriander
3 El helle Sojasauce
2 El Honig
Salz

Die Zuckerschoten waschen, putzen und ca. 3 Minuten in wenig kochendem Salzwasser blanchieren. Herausnehmen, mit kaltem Wasser abschrecken und abtropfen lassen. Die Schalotten schälen und in feine Würfel schneiden.

Erdnussöl in einer Pfanne oder einem Wok erhitzen, Currypaste mit den Schalotten hineingeben und unter ständigem Rühren ca. 2 Minuten anbraten. Dann Gemüsebrühe und Kokosmilch zugießen und offen etwa 10 Minuten sanft einkochen lassen.

Inzwischen die Auberginen waschen, putzen und in ca. 2 cm große Würfel schneiden. Die Süßkartoffeln schälen und ebenfalls würfeln. Die Limette waschen, die Schale mit einem Zestenreißer abreiben und den Saft auspressen.

Aubergine und Süßkartoffeln zur Kokosbrühe geben und ca. 10 Minuten gar kochen. Koriander waschen, trocken schütteln, Blättchen abzupfen und beiseitestellen. Die Zuckerschoten dazugeben, erhitzen, mit Sojasauce, Honig und etwas Salz würzen. Limettenschale unter das Curry rühren, alles mit Limettensaft abschmecken, mit Korianderblättchen bestreuen und servieren.

Zubereitungszeit: ca. 25 Minuten (plus Brat- und Garzeit)
Pro Portion ca. 301 kcal/1263 kJ | 14 g F, 39 g KH, 5 g E

Tofu-Brokkoli-Pfanne mit Cashewkernen

Für 4 Portionen
300 g Brokkoli
300 g Tofu
3 Stängel Zitronengras
120 g Cashewkerne
100 ml Erdnussöl
2 El rote Currypaste
250 ml Gemüsebrühe
5 El Limettensaft
4 El helle Sojasauce

Brokkoli waschen, putzen, in Röschen teilen und in kochendem Salzwasser ca. 8 Minuten bissfest kochen. Herausnehmen, mit kaltem Wasser abschrecken und in einem Sieb abtropfen lassen. Tofu trocken tupfen und in ca. 1 cm große Würfel schneiden.

Zitronengras waschen und den weißen Teil fein hacken. Cashewkerne in einer Pfanne oder im Wok ohne Fett unter ständigem Rühren goldgelb rösten, herausnehmen, abkühlen lassen und grob hacken.

Erdnussöl im Wok oder in einem Topf so stark erhitzen, dass sich an einem hineingehaltenen Holzlöffel kleine Bläschen bilden. Dann die Tofuwürfel hineingeben, goldgelb frittieren, mit einem Schaumlöffel herausheben und auf Küchenkrepp abtropfen lassen.

Erdnussöl bis auf ca. 3 El abgießen, darin Zitronengras und die Currypaste anbraten. Mit Gemüsebrühe ablöschen, Brokkoli und Tofu hineingeben und erhitzen. Alles mit Limettensaft und Sojasauce abschmecken, Cashewkerne darüberstreuen und servieren.

Zubereitungszeit: ca. 30 Minuten (plus Frittier-, Brat- und Garzeit)
Pro Portion ca. 454 kcal/1904 kJ | 39 g F, 5 g KH, 22 g E

Reisnudeln mit Gemüse und roter Kokossauce

Für 4 Portionen
300 g Reisnudeln
4 El Erdnussöl
2 Eier
100 g Wirsing
4 Stängel Thai-Basilikum
100 g Sojasprossen
1–2 El rote Currypaste
400 ml Kokosmilch
100 ml Gemüsebrühe
1 Tl Palmzucker, ersatzweise brauner Zucker
3 El Sojasauce

Die Nudeln ca. 10 Minuten in warmem Wasser einweichen, dann abgießen, abtropfen lassen und in ca. 10 cm lange Stücke teilen. Dann in kochendes Wasser schütten, sofort wieder in ein Sieb abgießen, abtropfen lassen und mit 1 Tl Erdnussöl vermischen.

Eier verquirlen, Wirsing putzen, waschen und in Streifen schneiden. Thai-Basilikum waschen, trocken schütteln, Blättchen abzupfen und in feine Streifen schneiden. Sojasprossen abbrausen und abtropfen lassen. Wirsing, Sprossen und Basilikum in einer Schüssel mit den Nudeln vermengen.

Restliches Öl in einer Pfanne oder einem Wok erhitzen, die Currypaste ca. 2 Minuten anbraten, dann mit Kokosmilch und Brühe ablöschen. Alles ca. 4 Minuten offen köcheln lassen, dann vom Herd nehmen. Eier in die nicht mehr kochende Sauce rühren, alles mit Palmzucker und Sojasauce abschmecken.

Nudel-Gemüse-Mischung auf Tellern verteilen und mit der Kokossauce überziehen.

Zubereitungszeit: ca. 30 Minuten (plus Koch- und Bratzeit)
Pro Portion ca. 526 kcal/2206 kJ | 24 g F, 62 g KH, 16 g E

Tofu-Nudel-Pfanne mit Sojasprossen

Für 4 Portionen
300 g asiatische Eiernudeln
Salz
200 g Sojabohnensprossen
100 g Tofu
3 Frühlingszwiebeln
3 Knoblauchzehen
3 El Öl
4 El helle Sojasauce
1 El Zucker

Die Nudeln nach Packungsanweisung in ausreichend kochendem Salzwasser garen. Dann in ein Sieb abgießen, abschrecken und abtropfen lassen. Die Sojabohnen waschen, putzen und in einem Sieb abtropfen lassen.

Tofu trocken tupfen und in kleine Würfel schneiden. Frühlingszwiebeln waschen, putzen, längs halbieren und anschließend in ca. 3 cm lange Stücke schneiden. Knoblauch schälen und fein hacken.

Öl in einem Wok oder einer Pfanne erhitzen und Tofu mit Knoblauch darin ca. 1 Minute goldgelb anbraten. Die Hitze reduzieren und die Nudeln unterrühren. Nach einer weiteren Minute Sojabohnensprossen, Frühlingszwiebeln, helle Sojasauce und Zucker hinzufügen, alles gut miteinander vermengen und ca. 2 Minuten garen, bis alle Zutaten heiß sind, die Sprossen aber noch bissfest sind. Sofort servieren.

Zubereitungszeit: ca. 20 Minuten (plus Koch- und Bratzeit)
Pro Portion ca. 479 kcal/2006 kJ | 18 g F, 63 g KH, 16 g E

Reisnudeln mit Brokkoli und Eiern

Für 4 Portionen
300 g Reisnudeln
250 g Thai-Brokkoliblätter, ersatzweise Pak Soi
250 g Tofu
4 Knoblauchzehen
5 El Öl
1 El eingelegte gelbe Bohnen
4 Eier
2 El dunkle Sojasauce
3 El helle Sojasauce
1 El Zucker
weißer Pfeffer

Die Reisnudeln in warmem Wasser ca. 10 Minuten einweichen, dann in ein Sieb abgießen und in ca. 10 cm lange Stücke teilen. Thai-Brokkoliblätter bzw. Pak Soi waschen, putzen und in ca. 4 cm lange und 2 cm breite Streifen schneiden.

Den Tofu trocken tupfen und in Streifen schneiden, Knoblauch schälen und fein hacken. Öl im Wok oder in einer Pfanne erhitzen und den Knoblauch darin ca. 1 Minute goldgelb andünsten. Eingelegte Bohnen und Tofu dazugeben, alles miteinander vermengen und nach ca. 2 Minuten die Reisnudeln sorgfältig unterheben. Mit ca. 50 ml Wasser ablöschen, dann Brokkoli bzw. Pak Soi unterheben.

Die Eier in einer Schüssel verquirlen und unter die Nudelpfanne rühren, alles mit Sojasaucen, Zucker und Pfeffer abschmecken und sofort servieren.

Zubereitungszeit: ca. 15 Minuten (plus Einweich- und Bratzeit)
Pro Portion ca. 566 kcal/2372 kJ | 25 g F, 63 g KH, 12 g E

Rotes Blumenkohlcurry mit Bohnen und Pilzen

Für 4 Portionen
1 Zwiebel
200 g Kartoffeln
200 g Blumenkohl
200 g Schlangenbohnen, ersatzweise grüne Bohnen
1 rote Paprika
100 g frische Tongku-Pilze, ersatzweise Champignons
1/2 Bund Thai-Basilikum
2 El Sojaöl
2 El rote Currypaste
400 ml Kokosmilch
200 ml Gemüsebrühe
5 Kaffir-Limettenblätter, ersatzweise tiefgekühlt
2 El Limettensaft
3 El Pilzsauce
2 El Rohrzucker
Salz

Zwiebel schälen und fein hacken, Kartoffeln waschen, schälen und in ca. 1 cm große Würfel schneiden. Blumenkohl waschen, putzen und in kleine Röschen teilen. Schlangenbohnen bzw. grüne Bohnen waschen, putzen und in ca. 3 cm lange Stücke teilen. Paprika putzen, innen und außen waschen und in Streifen schneiden. Tongku-Pilze bzw. Champignons putzen, feucht abreiben und je nach Größe halbieren oder vierteln. Thai-Basilikum waschen, trocken schütteln und die Blättchen abzupfen.

Sojaöl in einem Wok oder einer Pfanne erhitzen, die Zwiebel mit der Currypaste unter ständigem Rühren ca. 1 Minute anbraten. Mit Kokosmilch und Brühe ablöschen. Die Kaffir-Limettenblätter waschen und zur Kokosbrühe geben, alles ca. 5 Minuten offen köcheln lassen.

Kartoffeln, Blumenkohl und Bohnen zur Sauce geben, alles ca. 12 Minuten garen, 5 Minuten vor Ende der Garzeit Paprika und Pilze zugeben. Alles mit Limettensaft, Pilzsauce, Rohrzucker und Salz abschmecken und mit Basilikum garniert servieren.

Zubereitungszeit: ca. 30 Minuten (plus Brat- und Kochzeit)
Pro Portion ca. 241 kcal/1011 kJ | 11 g F, 30 g KH, 5 g E

Fisch und Meeresfrüchte

Seezungen mit Limettensauce

Für 4 Portionen
2 Seezungen, filetiert und küchenfertig vorbereitet
10 Knoblauchzehen
5 rote Chilischoten
1 Bund Schnittlauch
3 Limetten
1 Tl Salz
3 El helle Sojasauce

Seezungenfilets waschen und trocken tupfen. Fischfilets in eine feuerfeste Auflaufform legen. Den Backofen auf 200 °C vorheizen.

Knoblauch schälen und in feine Scheiben schneiden. Chilis putzen, innen und außen waschen und in dünne Ringe schneiden. Schnittlauch waschen, trocken schütteln und grob hacken. Limetten auspressen, sodass ca. 5 El Saft entstehen.

Chilis, Knoblauch, Limettensaft, Salz und Sojasauce mit 1/8 l Wasser in einer Schüssel gut verrühren, über den Fisch gießen. Fisch auf mittlerer Schiene im Backofen ca. 20 Minuten garen. Schnittlauch darüberstreuen und mit Reis servieren.

Zubereitungszeit: ca. 20 Minuten (plus Garzeit)
Pro Portion ca. 173 kcal/727 kJ | 3 g F, 1 g KH, 34 g E

Gebratene Garnelen mit roter Currypaste

Für 4 Portionen
25 kleine Schalotten
4 getrocknete rote Chilischoten
4 El rote Currypaste
800 g küchenfertige Garnelen
1 kg grüner Spargel
8 El Erdnüsse
8 El Öl
450 ml Kokosmilch
2 Tl Salz
3 Tl Zucker

Schalotten schälen und hacken. Zusammen mit den Chilischoten in einen Mörser geben und zerreiben. Dann die Currypaste hinzugeben und alles gründlich vermengen.

Die küchenfertigen Garnelen am Rücken einschneiden und den dunklen Darm entfernen. Garnelen waschen und trocken tupfen. Spargel waschen, unteres Drittel schälen, holziges Ende abschneiden und die Stangen in Stücke von ca. 3 cm Länge teilen. Die Erdnüsse in einer Pfanne ohne Fett goldgelb rösten, dann grob zerkleinern.

Das Öl in einem Wok oder einer Pfanne erhitzen und die Paste unter Rühren ca. 2 Minuten anbraten. Dann die Erdnüsse, die Kokosmilch und den Spargel zugeben. Nach ca. 4 Minuten die Garnelen unterrühren und alles mit Salz und Zucker abschmecken. Wenn die Garnelen gar sind, das Gericht servieren.

Zubereitungszeit: ca. 30 Minuten (plus Röst- und Garzeit)
Pro Portion ca. 777 kcal/3254 kJ | 51 g F, 26 g KH, 55 g E

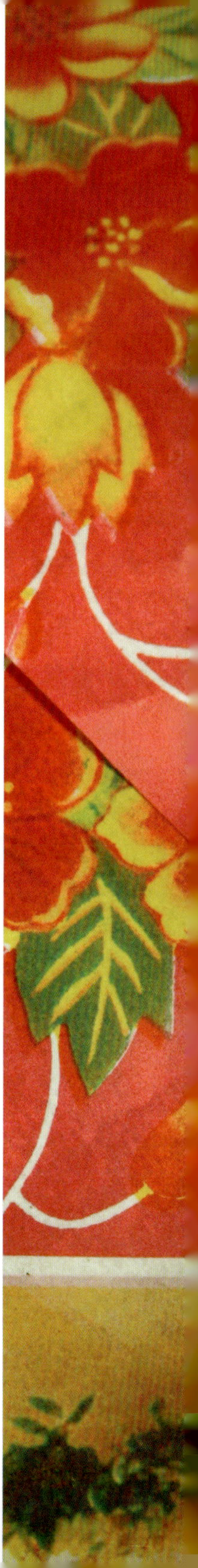

Gedämpftes Fischfilet mit würziger Sauce

Für 4 Portionen
8 Knoblauchzehen
5 kleine rote Chilischoten
4 Limetten
5 Stängel Koriander
6 El Fischsauce
2 Tl Zucker
8 Stängel Zitronengras
800 g festfleischiges Fischfilet

Knoblauch schälen und fein hacken. Die Chilischoten putzen, innen und außen waschen und ebenfalls fein hacken. Limetten auspressen, Koriander waschen, trocken schütteln und Blättchen abzupfen. Knoblauch, Chilis, Limettensaft, Korianderblättchen und Fischsauce mit dem Zucker verrühren und beiseitestellen.

Zitronengras waschen, putzen und fächerartig aufschneiden. Fischfilet waschen, trocken tupfen und in 4 Stücke teilen. Ein Dämpfkörbchen mit dem Zitronengras auslegen, darüber den Fisch geben und alles über kochendem Wasser ca. 15 Minuten dämpfen, bis der Fisch gar ist. Mit Reis servieren.

Zubereitungszeit: ca. 15 Minuten (plus Dämpfzeit)
Pro Portion ca. 188 kcal/790 kJ | 4 g F, 7 g KH, 30 g E

Sauerscharfe Seezunge

Für 4 Portionen
3 Chilischoten
8 Schalotten
4 Stängel Koriander
800 g Seezungenfilet
Salz
6 El Öl
100 ml Hühnerfond
3 El Palmzucker
5 El Tamarindenmus, ersatzweise Zitronensaft
3 El Fischsauce
1 Tl Stärkemehl

Die Chilischoten putzen, innen und außen waschen, trocken tupfen und in einer Pfanne ohne Öl ca. 5 Minuten rösten. Herausnehmen und beiseitestellen.

Die Schalotten schälen und fein würfeln. Koriander waschen, trocken schütteln und die Blättchen abzupfen. Den Fisch waschen, trocken tupfen und salzen.

2 El Öl im Wok oder in einem Topf erhitzen und die Schalotten darin ca. 4 Minuten anbraten. Herausnehmen und beiseitestellen. Den Hühnerfond erhitzen und Palmzucker, Tamarindenmus und Fischsauce hineinrühren. Stärke mit etwas kaltem Wasser anrühren und zum Fond geben. Alles so lange kochen lassen, bis es andickt, dann die Sauce warm halten.

Restliches Öl in einer Pfanne oder im Wok erhitzen und die Seezungenfilets von beiden Seiten goldbraun braten. Den Fisch auf Teller verteilen, Schalottenwürfel, Chilischoten und Sauce darübergeben und alles mit Korianderblättchen bestreut servieren.

Zubereitungszeit: ca. 20 Minuten (plus Röst- und Bratzeit)
Pro Portion ca. 435 kcal/1822 kJ | 25 g F, 16 g KH, 35 g E

Garnelen mit Reisnudeln, Erdnüssen und Tofu

Für 4 Portionen

3 Knoblauchzehen
5 Schalotten
100 g geröstete und gesalzene Erdnüsse
100 g Tofu (festere Qualität)
500 g Sojabohnensprossen
3 große grüne Lauchblätter
2 unbehandelte Limetten
400 g küchenfertige Garnelen
3 El Fischsauce
frisch gemahlener schwarzer Pfeffer
200 g Reisnudeln (Tagliatelle-Form)
6 El Öl
50 g getrocknete Shrimps
2 Eier
2 El Reisessig, ersatzweise milder Weinessig
2 El Zucker
2 El helle Sojasauce
Chilipulver

Knoblauch und Schalotten schälen und fein hacken. Erdnüsse grob zerkleinern. Tofu in ca. 1 cm große Würfel schneiden, die Sojabohnen putzen und abbrausen. Lauchblätter waschen und in schmale Streifen von ca. 4 cm Länge schneiden. Die Limetten waschen und vierteln. Die Garnelen am Rücken einschneiden, den dunklen Darm entfernen, waschen, trocken tupfen und mit 1 El Fischsauce in eine Schale geben. Mit Pfeffer würzen und alles ca. 10 Minuten marinieren.

Die Nudeln in ausreichend kochendem Wasser ca. 2 Minuten kochen, dann abgießen und sofort abschrecken. Das Öl im Wok oder in einer Pfanne stark erhitzen und die getrockneten Shrimps zusammen mit Knoblauch, Schalotten und Tofu unter ständigem Rühren ca. 2 Minuten anbraten. Garnelen zufügen und 1 weitere Minute braten. Alles an den Rand des Woks schieben.

Eier leicht verquirlen und auf die freie Fläche des Woks geben. Ca. 3 Minuten braten, dann mit den anderen Zutaten im Wok gut vermengen.

Nudeln, die Hälfte der Sojasprossen, Lauch, restliche Fischsauce, Reisessig, Zucker und Sojasauce dazugeben, alles gut vermengen und so lange braten, bis alles erhitzt ist. Auf vorgewärmten Tellern verteilen und mit den Erdnüssen bestreuen. Die restlichen Sojabohnensprossen ca. 1 Minute in kochendem Wasser blanchieren und mit den Limettenvierteln auf vier Schälchen verteilen. Chilipulver und Zucker dazureichen und zusammen mit der Nudelpfanne servieren.

Zubereitungszeit: ca. 40 Minuten (plus Marinier-, Koch- und Bratzeit)
Pro Portion ca. 824 kcal/3452 kJ | 51 g F, 39 g KH, 53 g E

Gebratener Rotbarsch mit Sellerie

Für 4 Portionen
3 Frühlingszwiebeln
3 Stangen Staudensellerie
2 Knoblauchzehen
3 Schalotten
1 Korianderwurzel
800 g Rotbarschfilet
5 El Öl
1 El eingelegte gelbe Bohnen aus dem Glas
2 El helle Sojasauce
2 Tl Palmzucker, ersatzweise brauner Zucker

Frühlingszwiebeln und Sellerie putzen, waschen und in ca. 3 cm lange Stücke teilen. Diese dann der Länge nach in dünne Streifen schneiden. Knoblauch und Schalotten schälen und fein hacken. Korianderwurzel putzen, waschen und ebenfalls fein hacken.

Fischfilet waschen, trocken tupfen und in 4 Stücke teilen. Das Öl in einer Pfanne oder einem Wok erhitzen und den Fisch von beiden Seiten goldbraun braten. Herausnehmen und beiseitestellen. Im verbliebenen Öl Knoblauch, Schalotten, Korianderwurzel und gelbe Bohnen anbraten. Dann Sojasauce, Palmzucker und etwas Wasser unterrühren, Fisch dazugeben, ca. 2 Minuten kochen lassen und dann die Frühlingszwiebeln mit den Selleriestreifen untermischen. Sobald alles erhitzt ist, auf Teller verteilen und servieren.

Zubereitungszeit: ca. 20 Minuten (plus Bratzeit)
Pro Portion ca. 454 kcal/1903 kJ | 28 g F, 8 g KH, 45 g E

Gebratener Reis mit Meeresfrüchten

Für 4 Portionen
250 g Jasminreis
500 g gemischte küchenfertige Meeresfrüchte
(z.B. Tintenfisch, Garnelen, Fischfilet)
8 Knoblauchzehen
3 Frühlingszwiebeln
1 Salatgurke
3 Tomaten
4 Stängel Koriander
5 El Öl
3 El Fischsauce
2 Tl Zucker
Chilisauce und Sojasauce zum Servieren

Den Jasminreis in einem Sieb unter fließendem Wasser abspülen, bis das Wasser klar bleibt. Dann mit 350 ml Wasser in einen Topf geben, bei geschlossenem Deckel aufkochen. Anschließend den Deckel abnehmen, so lange rühren, bis der Wasserspiegel unterhalb des Reises liegt und die Oberfläche des Reises trocken aussieht. Nun bei geschlossenem Deckel auf kleinster Stufe ca. 20 Minuten gar dämpfen.

Den Reis vollständig abkühlen lassen, da er sonst beim Braten klebrig wird. Garnelen am Rücken einschneiden, den dunklen Darm entfernen, alle Meeresfrüchte waschen, trocken tupfen und in mundgerechte Stücke zerkleinern.

Knoblauch schälen und fein hacken, Frühlingszwiebeln putzen, waschen, in ca. 3 cm lange Stücke schneiden und diese längs halbieren. Gurke waschen, schälen, längs halbieren und entkernen, dann in Scheiben schneiden. Tomaten waschen, Stielansatz entfernen und achteln. Koriander waschen, trocken schütteln und Blättchen abzupfen.

Öl im Wok oder in einer Pfanne erhitzen und Knoblauch unter ständigem Rühren ca. 2 Minuten goldgelb braten. Meeresfrüchte hinzugeben und weitere 2 Minuten braten. Dann Reis, Tomaten, Frühlingszwiebeln, Fischsauce und Zucker unterrühren. Alles weitere 3 Minuten braten, dabei ständig rühren.

Reis auf Teller verteilen, Gurkenscheiben und Koriander darüberstreuen und die Chili- und Sojasauce dazu reichen.

Zubereitungszeit: ca. 30 Minuten (plus Koch- und Bratzeit)
Pro Portion ca. 527 kcal/2210 kJ | 21 g F, 60 g KH, 26 g E

Auberginen-Venusmuschel-Curry

Für 4 Portionen
2 kg Venusmuscheln in der Schale
8 Knoblauchzehen
12 kleine runde Thai-Auberginen, ersatzweise 4 europäische Auberginen
10 Kaffir-Limettenblätter, ersatzweise tiefgekühlt
5 Stängel Thai-Basilikum
6 El Öl
2 EL gelbe Currypaste
8 El Fischsauce
4 El helle Sojasauce
4 Tl Zucker

Die Muscheln gründlich waschen, bereits geöffnete Exemplare entfernen. Knoblauch schälen und fein würfeln. Auberginen waschen, putzen und in ca. 2 cm große Würfel schneiden. Limettenblätter waschen, trocken tupfen, die harte Mittelrippe herausschneiden und in feine Streifen schneiden. Thai-Basilikum waschen, trocken schütteln und die Blättchen abzupfen.

Öl in einem Wok oder einem Topf erhitzen und den Knoblauch ca. 2 Minuten goldgelb anbraten. Dann die Currypaste unterrühren und kurz mitbraten. Die Muscheln hineingeben und unter ständigem Rühren alle restlichen Zutaten. Wenn sich die Muscheln geöffnet haben und gar sind, Gericht auf vorgewärmte Schälchen verteilen. Dabei Muscheln, die sich nicht geöffnet haben, entfernen.

Zubereitungszeit: ca. 20 Minuten (plus Bratzeit)
Pro Portion ca. 507 kcal/2123 kJ | 28 g F, 33 g KH, 36 g E

Garnelen mit grünem Spargel und Austernsauce

Zutaten für 4 Portionen
600 g mittelgroße rohe Garnelen mit Kopf und Schwanz
4 El Fischsauce
1/2 Tl frisch gemahlener schwarzer Pfeffer
500 g grüner Spargel
5 Knoblauchzehen
5 El Pflanzenöl
3 El Austernsauce
1 El Zucker
2 El Reiswein
Korianderblättchen nach Belieben

Köpfe von den Garnelen abtrennen und die Körper so schälen, dass die Schwanzenden am Körper bleiben. Dann der Länge nach am Rücken leicht einschneiden und den dunklen Darm entfernen. Waschen, trocken tupfen und mit 1 El Fischsauce und Pfeffer vermischen.

Spargel waschen, unteres Drittel schälen und holziges Ende abschneiden. Die Stangen in ca. 4 cm lange Stücke schneiden und ca. 1 Minute in kochendem Salzwasser blanchieren. Dann abgießen, mit kaltem Wasser abschrecken und abtropfen lassen. Knoblauch schälen und fein hacken.

Das Öl in einer Pfanne oder einem Wok erhitzen, Knoblauch darin bei starker Hitze unter ständigem Rühren etwa 1 Minute anbraten. Garnelen hinzufügen und alles bei starker Hitze 1 weitere Minute braten.

Spargel, Austernsauce, 3 El Fischsauce, Zucker und Reiswein dazugeben, unter ständigem Rühren etwa 2 Minuten mitgaren. Nach Belieben mit Korianderblättchen bestreuen und servieren.

Zubereitungszeit: ca. 30 Minuten (plus Koch- und Bratzeit)
Pro Portion ca. 436 kcal/1829 kJ | 27 g F, 12 g KH, 36 g E

Pochierter Lachs mit Zitronengras

Für 4 Portionen
700 g Lachsfilet ohne Haut
2 Stängel Zitronengras
2 rote Chilischoten
4 Thai-Schalotten
2 Knoblauchzehen
2 Stängel Thai-Basilikum
100 g Champignons
100 ml Gemüsebrühe
2 El Fischsauce
4 El Limettensaft
1 El Palmzucker
1 Tl frisch gemahlener weißer Pfeffer

Lachs waschen, trocken tupfen und in vier gleich große Scheiben schneiden. Zitronengras putzen, waschen und den weißen Teil besenartig aufschneiden. Chilis putzen, halbieren und innen und außen waschen. Schalotten und Knoblauch schälen und hacken.

Thai-Basilikum waschen, trocken schütteln und die Blättchen abzupfen. Champignons putzen, feucht abreiben und in Scheiben schneiden. Schalotten, Knoblauch, Chilis und Zitronengras in einen Mörser geben und leicht zerstoßen.

Gemüsebrühe mit der Fischsauce, dem Limettensaft und dem Palmzucker im Wok aufkochen lassen. Mörser-Inhalt zur Brühe geben, ca. 1 Minute kochen lassen, dann Champignons und Lachs dazugeben. Mit Pfeffer abschmecken. Nach 1 Minute Lachs wenden, kurz gar ziehen lassen und servieren.

Zubereitungszeit: ca. 30 Minuten (plus Brat- und Kochzeit)
Pro Portion ca. 434 kcal/1819 kJ | 29 g F, 8 g KH, 37 g E

Tintenfisch mit Frühlingszwiebeln und Koriander

Für 4 Portionen
700 g küchenfertiger Tintenfisch
4 Frühlingszwiebeln
4 Stängel Koriander
4 Knoblauchzehen
4 El Öl
2 El Fischsauce
2 El Austernsauce
1 Tl Korianderpulver
2 Tl frisch gemahlener weißer Pfeffer
2 El Thai-Whisky

Tintenfisch waschen, trocken tupfen und in mundgerechte Stücke teilen. Frühlingszwiebeln putzen, waschen, längs halbieren und in ca. 3 cm lange Stücke teilen. Koriander waschen, trocken schütteln und Blättchen abzupfen. Knoblauch schälen und fein hacken.

Öl im Wok oder in einer Pfanne erhitzen und den Knoblauch unter ständigem Rühren ca. 2 Minuten goldgelb braten. Tintenfisch dazugeben und alles mit Fischsauce, Austernsauce, Korianderpulver und Pfeffer würzen. Ca. 2 Minuten braten, dann die Frühlingszwiebeln und den Whisky dazugeben. Ca. 50 ml Wasser dazugeben, alles gut miteinander vermengen, nochmals abschmecken und kurz vor dem Servieren die Korianderblättchen unterrühren.

Zubereitungszeit: ca. 20 Minuten (plus Bratzeit)
Pro Portion ca. 385 kcal/1613 kJ | 8 g F, 26 g KH, 29 g E

Dorsch mit Ingwer in Kokossauce

Für 4 Portionen
700 g Dorschfilet
8 Kaffir-Limettenblätter, ersatzweise tiefgekühlt
6 Stängel Zitronengras
100 g Champignons
2 Frühlingszwiebeln
2 Korianderwurzeln
4 Korianderstängel
4 Chilischoten
6 Knoblauchzehen
200 g Ingwer
3 Limetten
450 ml Kokosmilch
4 El Zucker
2 Tl Salz

Fischfilet waschen, trocken tupfen und in mundgerechte Stücke schneiden. Kaffir-Limettenblätter waschen und halbieren. Zitronengras putzen, waschen und den weißen Teil besenartig aufschneiden. Champignons putzen, feucht abreiben und je nach Größe halbieren oder vierteln.

Die Frühlingszwiebeln putzen, waschen, längs halbieren und in ca. 3 cm lange Stücke teilen. Korianderwurzel waschen und putzen, Korianderstängel waschen, trocken schütteln und Blättchen abzupfen.

Chilischoten putzen, innen und außen waschen und fein hacken, Knoblauch und Ingwer schälen und ebenfalls fein hacken. Die Limetten auspressen. Die Kokosmilch zusammen mit Ingwer, Knoblauch, Kaffir-Limettenblättern, Zitronengras, Limettensaft, Zucker, Salz, Chilischoten, Champignons und Korianderwurzel aufkochen. Ca. 5 Minuten köcheln lassen, dann den Fisch dazugeben und ca. 2 Minuten garen.

Korianderwurzeln, Kaffir-Limettenblätter und Zitronengras entfernen, die Frühlingszwiebeln hinzugeben und kurz erhitzen. Direkt vor dem Servieren die Korianderblättchen unterrühren.

Zubereitungszeit: ca. 30 Minuten (plus Garzeit)
Pro Portion ca. 281 kcal/1178 kJ | 3 g F, 28 g KH, 35 g E

Geflügel und Fleisch

Roastbeef in Penang-Sauce

Für 4 Portionen
450 g kräftig marmoriertes Roastbeef
400 ml Kokosmilch
2 El Erdnussöl
5 El Penang-Paste
8 frische Kaffir-Limettenblätter, ersatzweise tiefgekühlt
2 El Fischsauce
1 Tl Palmzucker
1 rote Chilischote, in feine Ringe geschnitten, zum Garnieren

Das Fleisch waschen und trocken tupfen. In Scheiben von 5 cm x 2 cm x 3 mm schneiden und beiseitestellen. Von dem oben schwimmenden festeren Teil der Kokosmilch 4 El abnehmen und in einer Pfanne oder einem Wok bei mittlerer Temperatur erhitzen. Erdnussöl, Penang-Paste und 6 gewaschene Kaffir-Limettenblätter hineingeben. Alles unter Rühren anbraten, bis sich die Paste goldgelb färbt und ein angenehmes Aroma verströmt. Das Öl sollte sich abtrennen.

Nun das Fleisch zugeben und 1 Minute unter Rühren anbraten. Fischsauce, Palmzucker und restliche Kokosmilch einrühren, dann ca. 120 ml Wasser hinzufügen. Alles gründlich vermischen und zum Kochen bringen. Bei niedriger Temperatur ca. 15 Minuten köcheln lassen, bis die Sauce eingedickt und das Fleisch gar ist.

Die übrigen, möglichst zarten Limettenblätter waschen und der Länge nach halbieren, die harte mittlere Blattader entfernen und quer in sehr feine Streifen schneiden. Die Fleischpfanne in eine vorgewärmte Servierschüssel füllen und mit den roten Chiliringen und den Limettenblätterstreifen garniert servieren.

Zubereitungszeit: ca. 30 Minuten (plus Brat- und Kochzeit)
Pro Portion ca. 269 kcal/1127 kJ | 15 g F, 8 g KH, 25 g E

Hühnerbrust mit Cashewkernen und Ingwer

Für 4 Portionen
4 mittelgroße getrocknete Mu-Err-Pilze
5 El Öl
100 g ungesalzene Cashewkerne
2 daumengroße Stücke Ingwer
3 Frühlingszwiebeln
2 mittelgroße Tomaten
400 g Hühnerbrustfilet
3 Knoblauchzehen
2 El Fischsauce
2 El Austernsauce
1 El Zucker

Mu-Err-Pilze mit heißem Wasser übergießen und etwa 20 Minuten quellen lassen. Inzwischen 5 El Öl in einer Pfanne erhitzen und die Cashewkerne darin bei mittlerer Hitze unter ständigem Rühren etwa 3 Minuten goldgelb braten. Mit einem Schaumlöffel herausnehmen und auf Küchenpapier abtropfen lassen. Verbliebenes Fett in der Pfanne belassen.

Ingwer schälen und in feine Streifen schneiden. Mu-Err-Pilze ausdrücken, dann vierteln. Frühlingszwiebeln putzen, waschen und in etwa 3 cm lange Stücke schneiden. Tomaten waschen, vierteln und vom Stielansatz befreien.

Hühnerbrust in etwa 3 cm lange und 1 cm breite Streifen schneiden. Knoblauch schälen und fein hacken.

Das Öl in der Pfanne wieder erhitzen, Knoblauch darin ca. 2 Minuten goldgelb braten, Hühnerbruststreifen dazugeben und bei starker Hitze ca. 2 Minuten braten.

Ingwer, Mu-Err-Pilze, Tomaten, Frühlingszwiebeln und Cashewkerne dazugeben und alles unter ständigem Rühren bei starker Hitze etwa 2 Minuten braten. Hitze verringern, Fisch- und Austernsauce mit dem Zucker dazugeben. Alles gut vermengen und nochmals mit Zucker und Fischsauce abschmecken, dann servieren.

Zubereitungszeit: ca. 30 Minuten (plus Einweich- und Bratzeit)
Pro Portion ca. 500 kcal/2096 kJ | 41 g F, 8 g KH, 28 g E

Rindfleisch in gelber Currysauce

Für 4 Portionen
4 mittelgroße Kartoffeln, vorwiegend festkochend
600 g Rinderschmorbraten (aus der Hüfte)
8 Schalotten
400 ml Kokosmilch
2 El gelbe Currypaste
3 El Fischsauce
20 g Zucker
1 Tl Salz
10 El Öl
1 mittelgroße Salatgurke
1 rote Chilischote
1/8 l Reisessig, ersatzweise milder Weinessig

Kartoffeln waschen und schälen, Rindfleisch waschen und trocken tupfen. Beides in ca. 2 cm große Würfel schneiden. Schalotten schälen, halbieren und in Scheiben schneiden. Kartoffelwürfel beiseitestellen und abdecken.

Von der dickeren Schicht oben auf der Kokosmilch 4 EL abnehmen und in einem Topf aufkochen lassen. Die Currypaste hineinrühren, etwa 2 Minuten bei schwacher Hitze köcheln lassen und das Rindfleisch dazugeben. Die Hitze wieder erhöhen und nach und nach die restliche Kokosmilch einrühren. Ca. 500 ml Wasser unterrühren.

Fischsauce und 1 El Zucker dazugeben, dann alles etwa 1 Stunde mit halb geöffnetem Deckel köcheln lassen. Nach dieser Zeit Kartoffeln hinzugeben und weitere 30 Minuten garen lassen. Die Salatgurke waschen, entkernen und in Scheiben schneiden, Chili putzen, waschen und in dünne Streifen schneiden. 10 Minuten vor Ende der Garzeit in das Curry rühren. Mit Reisessig abschmecken.

Öl in einer Pfanne erhitzen, Schalottenscheiben darin bei starker Hitze goldgelb braten. Öl abgießen und Schalotten beiseitestellen. Rindfleischcurry mit Salz abschmecken, in eine Schüssel geben, gebratene Schalotten darüberstreuen und servieren.

Zubereitungszeit: ca. 30 Minuten (plus Garzeit)
Pro Portion ca. 485 kcal/2033 kJ | 32 g F, 20 g KH, 31 g E

Südthailändisches Hühnercurry

Für 4 Portionen
5 rote getrocknete Chilischoten
2 Stängel Zitronengras
Salz
1/2 Tl Koriandersamen
1/2 Tl Kreuzkümmelsamen
1 Tl Garnelenpaste
1 Huhn (ca. 1,5 kg)
3 Knoblauchzehen
4 El Öl
450 ml Kokosmilch
3 Limetten
500 ml Hühnerbrühe
4 El Fischsauce
2 El Zucker
5 grüne Chilischoten

Getrocknete Chilischoten entkernen und für 5 Minuten in Wasser legen. Zitronengras waschen, putzen und den weißen Teil fein hacken. Chilis aus dem Wasser nehmen und mit 1/2 Tl Salz, Zitronengras, Koriander- und Kreuzkümmelsamen sowie der Garnelenpaste im Mörser zu einer Paste zerreiben.

Huhn innen und außen waschen, trocken tupfen und in 10 Teile zerlegen. Knoblauch schälen und in dünne Scheiben schneiden. Öl im Wok oder in einer Pfanne erhitzen und Knoblauch ca. 2 Minuten andünsten. Dann die Hühnerteile dazugeben und rundherum goldgelb anbraten. Herausnehmen und beiseitestellen. In das verbliebene Fett die Gewürzpaste einrühren. Die Hälfte der Kokosmilch dazugeben und mit der Paste vermengen. Nun das Hühnchen zusammen mit der restlichen Kokosmilch dazugeben, aufkochen lassen.

Limetten auspressen und Saft zusammen mit Hühnerbrühe, Fischsauce und Zucker zum Hühnchen geben. Alles weitere 15 Minuten sanft köcheln lassen. Die grünen Chilis putzen, innen und außen waschen und längs in dünne Scheiben schneiden. Das Curry portionieren und mit Chili bestreut servieren.

Zubereitungszeit: ca. 20 Minuten (plus Brat- und Kochzeit)
Pro Portion ca. 624 kcal/2615 kJ | 52 g F, 11 g KH, 77 g E

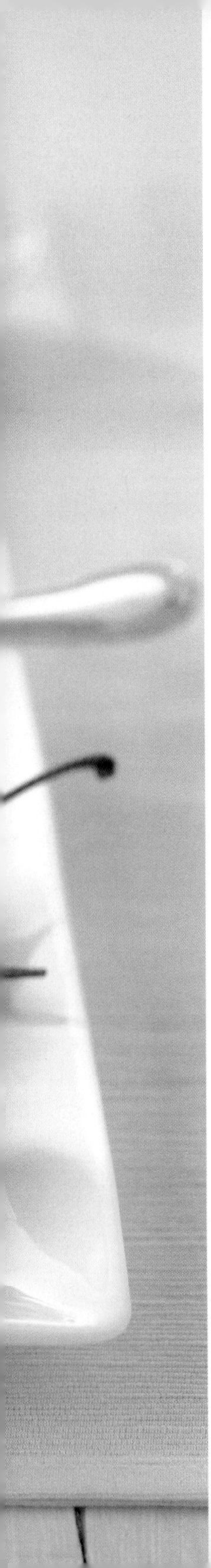

Rinderfilet mit Austernpilzen

Für 4 Portionen
500 g Rinderfilet
1/2 Tl frisch gemahlener schwarzer Pfeffer
2 El dunkle Sojasauce
1 El Mehl
6 getrocknete Tongku-Pilze
300 g Austernpilze
4 Frühlingszwiebeln
1 frische rote Chili
4 Knoblauchzehen
1 Stück Ingwer (ca. 4 cm)
3 El Öl
5 El Austernsauce
1 El Fischsauce
1 Tl Zucker
5 El Reiswein

Das Rinderfilet waschen, trocken tupfen, von Sehnen befreien und in etwa 1 cm große Würfel schneiden. In einer Schüssel mit Pfeffer, Sojasauce und Mehl vermengen, dann etwa 1 Stunde zugedeckt im Kühlschrank marinieren.

Inzwischen die Tongku-Pilze waschen, in heißem Wasser etwa 20 Minuten einweichen. Die Austernpilze putzen, feucht abreiben und in grobe Stücke schneiden. Frühlingszwiebeln putzen, waschen, längs halbieren und in etwa 3 cm lange Stücke schneiden. Chili putzen, waschen, längs halbieren und in Streifen schneiden. Knoblauch und Ingwer schälen und fein hacken.

Tongku-Pilze etwas ausdrücken und vierteln. Öl in einer Pfanne oder im Wok stark erhitzen. Knoblauch, Ingwer und Fleischwürfel darin bei starker Hitze unter ständigem Rühren etwa 5 Minuten scharf anbraten, dann die Hitze reduzieren. Beide Pilzsorten, Frühlingszwiebeln, Austern- und Fischsauce und Zucker dazugeben und alles etwa 2 Minuten bei mittlerer Hitze garen lassen. Chilistreifen dazugeben und erhitzen, den Reiswein unterrühren und servieren.

Zubereitungszeit: ca. 30 Minuten (plus Marinier-, Einweich- und Garzeit)
Pro Portion ca. 352 kcal/1477 kJ | 23 g F, 8 g KH, 30 g E

Gebratene Thai-Ente

Für 6 Portionen
1 Ente (ca. 2,2 kg)
10 Knoblauchzehen
5 Stängel Koriander
1/2 Tl Salz
1/2 Tl frisch gemahlener schwarzer Pfeffer
3 El süße Sojasauce
3 El flüssiger Honig
5 El Reisessig, ersatzweise milder Weißweinessig
3 El Zucker
1 rote Chilischote

Die Ente innen und außen gründlich waschen, säubern und trocken tupfen. Knoblauch schälen, Koriander waschen und trocken tupfen. Beides mit Salz und Pfeffer im Mörser zu einer Paste zerstoßen. In eine kleine Schüssel füllen, mit 1 El Sojasauce und dem Honig verrühren. Ente mit dieser Paste einreiben und ca. 2 Stunden im Kühlschrank abgedeckt marinieren.

Reisessig und restliche Sojasauce mit dem Zucker in einen kleinen Topf geben. Kurz aufkochen und wieder abkühlen lassen. Chili waschen, putzen und in feine Ringe schneiden. Diese in die Essigsauce geben.

Backofen auf 190 °C vorheizen. Ente auf der mittleren Schiene auf den Gitterrost legen und die Fettpfanne darunterschieben. Nach 10 Minuten die Temperatur auf 180 °C verringern und die Ente weitere 90 Minuten braten, dabei ab und an wenden und mit dem ausgetretenen Fett übergießen. Die Ente tranchieren und mit der Essigsauce servieren.

Zubereitungszeit: ca. 20 Minuten (plus Marinier- und Garzeit)
Pro Portion ca. 827 kcal/3465 kJ | 66 g F, 9 g KH, 66 g E

Hühnerbrust mit scharfen Bohnen

Für 4 Portionen
700 g Hühnerbrustfilet
200 g Schlangenbohnen, ersatzweise grüne Bohnen
Salz
6 Stängel Thai-Basilikum
4 Schalotten
5 Knoblauchzehen
1 rote Paprika
2 rote Chilischoten
2 grüne Chilischoten
4 El Erdnussöl
3 El Fischsauce
1 Tl Palmzucker, ersatzweise brauner Zucker
etwas Limettensaft

Das Hühnerbrustfilet waschen, trocken tupfen, Sehnen und Fett entfernen und in mundgerechte Stücke schneiden. Die Bohnen putzen, waschen, in ca. 3 cm lange Stücke schneiden und in kochendem Salzwasser ca. 3 Minuten blanchieren. In ein Sieb abgießen, mit kaltem Wasser abschrecken und abtropfen lassen.

Thai-Basilikum waschen, trocken schütteln, Blättchen abzupfen und grob zerkleinern. Schalotten und Knoblauch schälen und fein hacken, Paprika und Chilis putzen, innen und außen waschen und ebenfalls fein hacken.

Erdnussöl im Wok erhitzen und Schalotten mit Paprika andünsten. Nach ca. 2 Minuten Knoblauch und Chilis dazugeben, dann das Hühnerfleisch. Sobald alles angebraten ist, Bohnen, Fischsauce, Palmzucker und ca. 100 ml Wasser dazugeben und ca. 5 Minuten köcheln lassen. Mit Salz und Limettensaft abschmecken, das Thai-Basilikum unterrühren und servieren.

Zubereitungszeit: ca. 30 Minuten (plus Brat- und Kochzeit)
Pro Portion ca. 346 kcal/1450 kJ | 17 g F, 6 g KH, 44 g E

Thailändisches Grillhähnchen mit Zitronengras

Für 4 Portionen
5 Knoblauchzehen
4 Zitronengrasstängel
3 Korianderwurzeln
1 El Fischsauce
2 El helle Sojasauce
1 Tl Salz
1 Tl frisch gemahlener schwarzer Pfeffer
1 küchenfertiges Hähnchen
Nam Jim Gai (süßsaure Fertigsauce) zum Servieren

Knoblauch schälen und fein hacken. Zitronengras waschen, putzen und den weißen Teil fein hacken. Korianderwurzeln waschen, putzen und fein hacken. Knoblauch, Zitronengras, Korianderwurzeln, Fisch- und Sojasauce mit Salz und Pfeffer verrühren.

Das Hähnchen waschen, trocken tupfen, den Bürzel anschneiden und mit der Marinade bestreichen. In Frischhaltefolie einwickeln und im Kühlschrank mindestens 1 Stunde marinieren.

Den Ofen auf 180 °C vorheizen, das Hähnchen auf einen Grillrost legen, die Fettpfanne darunterschieben und ca. 50 Minuten knusprig garen. Hähnchen zerteilen und mit der Nam-Jim-Gai-Sauce und Reis servieren.

Zubereitungszeit: ca. 20 Minuten (plus Marinier- und Bratzeit)
Pro Portion ca. 642 kcal/2690 kJ | 37 g F, 2 g KH, 75 g E

Nudeln mit Schweinefleisch und Garnelen

Für 4 Portionen
2 El Erdnüsse
1 Limette
3 Stangen Staudensellerie
150 g Schweinefilet
150 g küchenfertige Garnelen
2 Knoblauchzehen
3 rote Chilischoten
250 g Sen-yai-Nudeln (lange flache Reisnudeln)
Salz
2 El Fischsauce
2 Tl Zucker
4 große Eisbergsalatblätter

Erdnüsse in einer Pfanne ohne Fett goldbraun rösten, abkühlen lassen und mit dem Mixer mahlen. Die Limette auspressen. Staudensellerie waschen, putzen, trocken tupfen und in dünne Scheiben schneiden.

Schweinefilet waschen, trocken tupfen, Sehnen entfernen und quer zur Faser in dünne Scheiben schneiden. Die Garnelen am Rücken einschneiden, den dunklen Darm entfernen, waschen und trocken tupfen.

Knoblauch schälen und fein hacken, Chilis putzen, innen und außen waschen und ebenfalls fein hacken. Die Sen-yai-Nudeln in kochendem Salzwasser 2-3 Minuten blanchieren, dann in ein Sieb abgießen (das Wasser auffangen), abtropfen lassen und in eine Schüssel füllen.

Nudelwasser erneut aufkochen, Schweinefleisch und Garnelen hineingeben und ca. 3 Minuten garen. Dann herausheben und zu den Nudeln geben. Erdnüsse, Limettensaft, Staudensellerie, Knoblauch und Chilis zu den Nudeln geben, mit Fischsauce und Zucker würzen, alles gut miteinander vermengen. Salatblätter waschen, trocken tupfen und Nudelmischung auf dem Salat verteilen.

Zubereitungszeit: ca. 20 Minuten (plus Röst- und Kochzeit)
Pro Portion ca. 368 kcal/1541 kJ | 8 g F, 48 g KH, 26 g E

Gebratene Nudeln mit Huhn und Currypaste

Für 4 Portionen
4 Knoblauchzehen
150 g Brokkoli
100 g Möhren
150 g Sojabohnensprossen
200 g Eiernudeln
400 g Hühnerbrustfilet
5 Stängel Koriander
4 El Erdnussöl
2 El rote Currypaste
2 El dunkle Sojasauce
2 El helle Sojasauce
2 Tl Zucker

Knoblauch schälen und fein hacken. Brokkoli waschen und in kleine Röschen zerteilen, Möhren waschen, putzen und in feine Stifte schneiden. Sojasprossen in einem Sieb abbrausen und abtropfen lassen. Eiernudeln nach Packungsanweisung in Wasser einweichen, dann in einem Sieb abtropfen lassen.

Hühnerbrustfilet waschen, trocken tupfen, Sehnen und Fett entfernen und grob hacken. Koriander waschen, trocken schütteln und Blättchen abzupfen. Erdnussöl in einem Wok oder einer Pfanne erhitzen und den Knoblauch darin goldgelb anbraten. Die Currypaste dazugeben und ca. 1 Minute anschwitzen, dann das Hühnerfleisch dazugeben.

Alle anderen Zutaten bis auf den Koriander ebenfalls dazugeben und unter ständigem Rühren fertig garen. Nochmals mit Sojasauce abschmecken und mit Korianderblättchen bestreut servieren.

Zubereitungszeit: ca. 25 Minuten (plus Bratzeit)
Pro Portion ca. 470 kcal/1969 kJ | 18 g F, 42 g KH, 33 g E

Schweinefleisch-Saté mit süßsaurem Gurkensalat

Für 4 Portionen
500 g Schweinefleisch
1 Stück Galgant (ca. 3 cm)
2 Stängel Zitronengras
1 Tl Koriandersamen
1 Tl Kreuzkümmelsamen
1/2 Tl Salz
1 Tl frisch gemahlener weißer Pfeffer
80 g Zucker
1 Tl scharfes Currypulver
400 ml Kokosmilch
1 Salatgurke
5 Schalotten
1 rote Chilischote
250 ml Reisessig, ersatzweise milder Weißweinessig
Erdnuss-Sauce zum Servieren

Schweinefleisch waschen und trocken tupfen. Quer zur Faser in sehr dünne Scheiben schneiden und diese in ca. 10 cm lange und 3 cm breite Streifen teilen. Ca. 40 Holzspießchen in Wasser einlegen.

Galgant waschen, schälen und fein hacken. Zitronengras waschen, putzen und den weißen Teil in sehr dünne Scheiben schneiden. Beides mit dem Koriander und Kreuzkümmel im Mörser zerreiben. Salz, Pfeffer, 1 El Zucker, Currypulver und 3 El vom dicken Teil oben auf der Kokosmilch dazugeben und gut verrühren.

Gewürzmischung mit dem Schweinefleisch vermengen und abgedeckt im Kühlschrank mindestens 1 Stunde marinieren. Dann ziehharmonikaartig auf die gewässerten Holzspieße stecken.

Für den Salat die Gurke waschen, schälen, entkernen, der Länge nach vierteln und in sehr dünne Scheiben schneiden. Schalotten schälen, halbieren und ebenfalls in sehr dünne Scheiben schneiden. Chili putzen, innen und außen waschen und fein hacken.

Für das Dressing 125 ml Wasser mit Reisessig, restlichem Zucker und 1 Prise Salz aufkochen, dann abkühlen lassen. Kurz vor dem Servieren Gurken, Schalotten und Chili mit dem Dressing mischen und mit Essig und Zucker süßsauer abschmecken.

Den Backofengrill vorheizen und die Spießchen ca. 15 Minuten grillen, bis sie gebräunt und gar sind. Dabei öfter wenden. Mit Gurkensalat und warmer Erdnuss-Sauce servieren.

Zubereitungszeit: ca. 30 Minuten (plus Marinier-, Koch- und Grillzeit)
Pro Portion ca. 281 kcal/1178 kJ | 5 g F, 29 g KH, 29 g E

Limetten-Hähnchen in Kokosmilch

Für 4 Portionen
4 Hähnchenschenkel mit Haut
2 El scharfes Currypulver
5 Schalotten
1 rote Paprikaschote
1 unbehandelte Limette
400 ml Kokosmilch
2 Tl Salz
1 Tl Zucker

Die Hähnchenschenkel mit Currypulver einreiben und etwa 20 Minuten ziehen lassen. Inzwischen Schalotten schälen, fein würfeln. Paprika putzen, innen und außen waschen und fein würfeln. Limette waschen, trocken tupfen, 1 Tl Schale mit einem Zestenreißer abreiben und den Saft auspressen.

Kokosmilch in einem Topf aufkochen lassen und unter Rühren ca. 1 Minute köcheln lassen. Schalotten, Hähnchenschenkel, Salz, Zucker und Limettensaft hinzufügen. Alles bei mittlerer Hitze und geschlossenem Deckel etwa 30 Minuten kochen lassen. 10 Minuten vor Ende der Garzeit die Limettenzesten unterrühren und den Deckel öffnen, damit die Sauce dicker wird. Mit Paprikawürfeln garniert servieren.

Zubereitungszeit: ca. 15 Minuten (plus Marinier- und Garzeit)
Pro Portion ca. 402 kcal/1686 kJ | 24 g F, 10 g KH, 37 g E

Rindfleisch mit grünen Bohnen und Limettenblättern

Für 4–6 Portionen
400 g Rindfleisch (aus der Hüfte)
2 El helle Sojasauce
1/2 Tl frisch gemahlener schwarzer Pfeffer
5 El getrocknete Shrimps
300 g Schlangenbohnen, ersatzweise grüne Bohnen
Salz
5 frische Kaffir-Limettenblätter, ersatzweise tiefgekühlt
5 El Öl
2 El rote Currypaste
2 El Fischsauce
3 El Zucker

Rindfleisch waschen und trocken tupfen. Von Sehnen befreien und in etwa 4 cm lange und 1 cm breite Streifen schneiden. In einer Schüssel mit Sojasauce und Pfeffer vermischen und etwa 15 Minuten zugedeckt im Kühlschrank marinieren. Inzwischen die Shrimps fein zerkleinern und beiseitestellen.

Die Schlangenbohnen waschen, putzen und in 4 cm lange Stücke schneiden. Die Limettenblätter waschen, die harte Mittelrippe herausschneiden, längs aufrollen und in sehr dünne Streifen schneiden. Bohnen in kochendem Salzwasser etwa 1 Minute blanchieren, dann in ein Sieb gießen, abschrecken und abtropfen lassen.

Öl in einer Pfanne oder im Wok stark erhitzen, Rindfleisch etwa 2 Minuten scharf anbraten, dann die Hitze reduzieren. Currypaste, Shrimps, Bohnen, Fischsauce und Zucker hinzufügen und alles bei mittlerer Hitze etwa 4 Minuten gar braten. Gelegentlich umrühren, dann auf einer Platte anrichten und mit den Limettenblättern garniert servieren.

Zubereitungszeit: ca. 30 Minuten (plus Marinier- und Garzeit)
Bei 6 Portionen pro Portion ca. 266 kcal/1117 kJ | 27 g F, 18 g KH, 22 g E

Würziger Tofu mit Hackfleisch

Für 4 Portionen
450 g Tofu
4 Kaffir-Limettenblätter, ersatzweise tiefgekühlt
200 ml Öl zum Frittieren plus 3 EL Öl
2 El rote Currypaste
250 g Schweinehackfleisch
4 El Fischsauce
2 Tl Zucker
100 ml Hühnerbrühe

Den Tofu trocken tupfen und in ca. 1 cm große Würfel schneiden. Die Kaffir-Limettenblätter waschen, trocken tupfen, die harte Mittelrippe entfernen und in feine Streifen schneiden.

Frittieröl in einem Topf stark erhitzen, bis sich an einem hineingehaltenen Holzlöffel Bläschen bilden. Dann die Tofuwürfel hineingeben und goldbraun frittieren. Herausnehmen und auf Küchenpapier abtropfen lassen.

3 El Öl in einem Wok oder einer Pfanne erhitzen und die Currypaste ca. 1 Minute anbraten. Dann das Hackfleisch dazugeben und unter ständigem Rühren krümelig braten. Fischsauce, Zucker und Hühnerbrühe einrühren und 3 Minuten köcheln lassen. Dann die Kaffir-Limettenblätter dazugeben und zum Servieren alles mit den Tofuwürfeln vermischen. Mit Reis servieren.

Zubereitungszeit: ca. 25 Minuten (plus Frittier- und Bratzeit)
Pro Portion ca. 468 kcal/1961 kJ | 37 g F, 5 g KH, 30 g E

Rindfleisch in Massamansauce

Für 4 Portionen
500 g Rinderschmorbraten (aus Hüfte oder Nuss)
4 mittelgroße Kartoffeln, vorwiegend festkochend
3 mittelgroße Zwiebeln
400 ml Kokosmilch
3 El Massaman-Currypaste
4 El Palmzucker
4 El Fischsauce
3 El Limettensaft
3 El geröstete und gesalzene Erdnüsse
3 Lorbeerblätter

Rindfleisch waschen, trocken tupfen, von Sehnen und Fett befreien und in etwa 2 cm große Würfel schneiden. Die Kartoffeln waschen, schälen und vierteln. Zwiebeln schälen und achteln. Alles getrennt auf Teller geben und abdecken.

Vom dickeren Teil oben auf der Kokosmilch 4 El in einen großen Topf geben und aufkochen lassen. Massaman-Currypaste einrühren und etwa 1 Minute kochen lassen. Rindfleisch, Zwiebeln, restliche Kokosmilch, Palmzucker, Fischsauce, Limettensaft, Erdnüsse, Lorbeerblätter und 1/2 l Wasser hinzufügen.

Alles bei schwacher Hitze mit leicht geöffnetem Deckel etwa 1 Stunde köcheln lassen. Dann Kartoffeln dazugeben und alles weitere 20 Minuten bei schwacher Hitze leicht kochen lassen. Zum Schluss die Lorbeerblätter herausnehmen und servieren.

Zubereitungszeit: ca. 30 Minuten (plus Brat- und Garzeit)
Pro Portion ca. 380 kcal/1592 kJ | 13 g F, 35 g KH, 30 g E

笑话两则

Desserts

Süßer Klebreis mit Früchten

Für 4 Portionen
250 g Rundkorn-Klebreis
400 ml Kokosmilch
3 El Zucker
1 Prise Salz
2 Mangos
3 Pfirsiche

Den Reis unter fließendem kalten Wasser gründlich waschen und abtropfen lassen. Die dicke Schicht auf der Kokosmilch abschöpfen und beiseitestellen. Die flüssige Kokosmilch mit 300 ml Wasser aufkochen, die Hitze reduzieren und Reis, Zucker und Salz zugeben.

Den Reis zugedeckt bei schwacher Hitze 25 Minuten köcheln lassen, bis er weich ist. Unterdessen die Früchte waschen, schälen, entkernen, in Spalten schneiden und auf Tellern anrichten.

Sobald der Reis gar ist, die Kokoscreme unter den Reis rühren, noch heiß mit den Früchten anrichten und sofort servieren.

Zubereitungszeit: ca. 30 Minuten (plus Kochzeit)
Pro Portion ca. 381 kcal/1596 kJ | 2 g F, 86 g KH, 6 g E

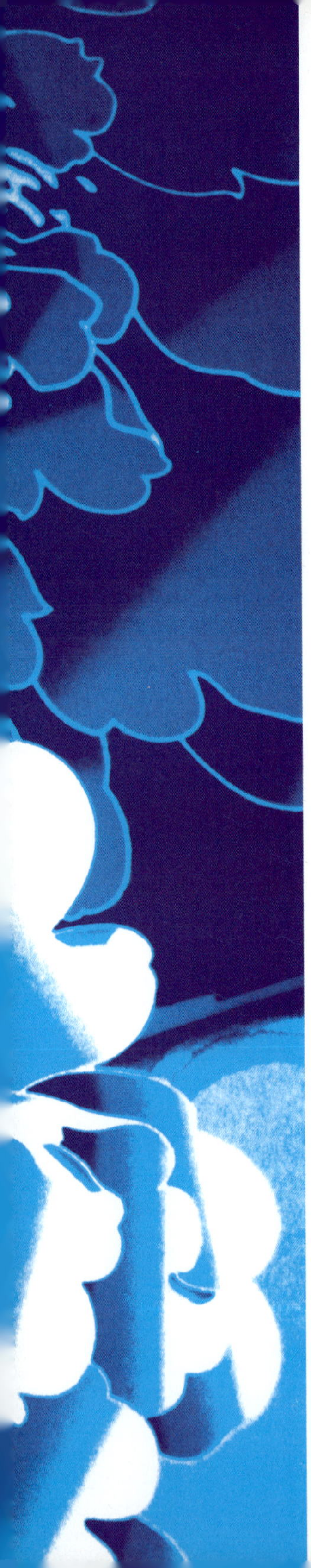

Kokoseis

Für 4 Portionen
300 ml Kokosmilch
400 ml Sahne
4 Eier
125 g Zucker
1 Prise Salz

Kokosmilch und Sahne in einem Topf zum Kochen bringen, einmal aufkochen lassen, vom Herd nehmen und lauwarm abkühlen lassen.

2 Eier trennen. Eiweiß beiseitestellen, Eigelb mit den restlichen Eiern, Zucker und Salz schaumig schlagen. Nach und nach unter die Kokossahne rühren.

Die Mischung 5 Minuten unter Rühren erhitzen, aber nicht kochen. 2 Stunden abkühlen lassen, dann das Eiweiß steif schlagen und unterheben. Die Masse mindestens 3 Stunden im Gefrierfach gefrieren lassen. Regelmäßig umrühren, damit sich die Eiskristalle verkleinern.

Zubereitungszeit: ca. 15 Minuten (plus Gefrierzeit)
Pro Portion ca. 536 kcal/2247 kJ | 38 g F, 32 g KH, 10 g E

Obstsalat mit Kokos

Für 4 Portionen
1 Mango
1/2 Ananas
1 Papaya
1 El Limettensaft
3 El Zucker
3 El Kokosflocken

Die Mango schälen, das Fruchtfleisch an der Längsseite vom Kern abschneiden, würfeln und in eine Schüssel geben. Die Ananas schälen, den Strunk entfernen und ebenfalls würfeln.

Die Papaya halbieren, Kerne mit einem Löffel entfernen, die Frucht schälen und das Fleisch in Würfel schneiden.

100 ml warmes Wasser mit Limettensaft und Zucker verrühren, bis sich der Zucker gelöst hat. Marinade über die Früchte geben, den Salat gut vermischen und auf Portionsschälchen verteilen.

Die Kokosflocken in einer Pfanne ohne Fett goldgelb rösten und noch warm über den Obstsalat streuen.

Zubereitungszeit: ca. 20 Minuten
Pro Portion ca. 157 kcal/659 kJ | 5 g F, 26 g KH, 2 g E

Gebackene Ananas

Für 4 Portionen
1/2 frische Ananas
400 g Tempuramehl
500 ml Öl
600 g Vanilleeis
Honig nach Geschmack

Die Ananas schälen, den Strunk herausschneiden und das Fruchtfleisch in gleich große Würfel schneiden.

Das Tempuramehl nach Packungsanweisung mit Wasser zu einem Teig verrühren. Das Öl im Wok erhitzen.

Die Ananasstücke mithilfe einer Gabel oder einem Holzspieß durch den Tempurateig ziehen und in kleinen Portionen vorsichtig von beiden Seiten goldgelb frittieren. Auf Küchenkrepp etwas abtropfen lassen. Die noch warme Ananas mit Eis und Honig servieren.

Zubereitungszeit: ca. 30 Minuten
Pro Portion ca. 357 kcal/1497 kJ | 21 g F, 47 g KH, 7 g E

Kardamom-Kokoscreme

Für 4 Portionen
250 ml Sahne
250 ml Kokosmilch
1/2 Tl gemahlener Kardamom
1/2 Tl gemahlener Ingwer
80 g Rohrzucker
2 Eier
2 Eigelb
einige Früchte zum Garnieren

Den Backofen auf 180 °C (Umluft 160 °C) vorheizen. Sahne, Kokosmilch, Kardamom und Ingwer in einem Topf verrühren und bei geringer Hitze etwa 5 Minuten köcheln lassen. Palmzucker zugeben und rühren, bis er sich vollständig aufgelöst hat. Etwas abkühlen lassen.

Die Eier und das Eigelb schaumig schlagen, zunächst mit etwas Kokossahne temperieren, dann unter die Kokossahne rühren. Die Creme in vier feuerfeste Schälchen (à 150 ml) füllen und in eine ofenfeste Form stellen.

Die Form mit kochendem Wasser auffüllen, sodass die Förmchen zur Hälfte im Wasser stehen. Im vorgeheizten Backofen etwa 30 Minuten backen, bis die Eiercreme fest ist. Die Schälchen herausnehmen und warm oder kalt und mit Früchten garniert servieren.

Zubereitungszeit: ca. 20 Minuten (plus Backzeit)
Pro Portion ca. 365 kcal/1529 kJ | 26 g F, 27 g KH, 9 g E

Tapiokaperlen mit Früchten

Für 4 Portionen
180 g kleine Tapiokaperlen
400 g gemischtes thailändisches Obst
375 g Zucker
500 ml Kokosmilch
Salz

Die Tapiokaperlen unter fließendem Wasser abspülen. Zusammen mit 1,5 l Wasser in einen großen Topf geben und unter ständigem Rühren zum Kochen bringen. Die Hitze reduzieren und die Tapiokaperlen etwa 15 Minuten köcheln lassen, bis sie durchsichtig sind.

Das Obst waschen und je nach Sorte putzen. In gleichmäßige Würfel schneiden. 250 g Zucker, die Hälfte der Kokosmilch und eine Prise Salz zu den Tapiokaperlen geben, verrühren und das Obst hinzufügen.

Den restlichen Zucker unter die restliche Kokosmilch mischen. Die Fruchtmasse auf Dessertschälchen verteilen und mit der gesüßten Kokosmilch bedecken.

Zubereitungszeit: ca. 25 Minuten (plus Kochzeit)
Pro Portion ca. 630 kcal/2638 kJ | 2 g F, 130 g KH, 1 g E

ธูป
ไร้

Litschi-Sorbet

Für 4 Portionen
150 g Zucker
500 g Litschis

Den Zucker mit 300 ml Wasser in einem Topf zum Kochen bringen und so lange verrühren, bis sich der Zucker gelöst hat. Abkühlen lassen.

Die Litschis schälen, die Kerne entfernen und das Fruchtfleisch grob hacken. Den Sirup dazugeben und alles fein pürieren. Im Gefrierfach 1 Stunde gefrieren lassen, kräftig durchrühren und ganz durchfrieren lassen. Dabei etwa alle 30 Minuten kräftig rühren.

10 Minuten vor dem Servieren das Sorbet im Kühlschrank antauen lassen. Portionieren und nach Wunsch mit exotischen Früchten garnieren.

Zubereitungszeit: ca. 10 Minuten (plus Gefrierzeit)
Pro Portion ca. 247 kcal/1034 kJ | 0 g F, 59 g KH, 0 g E

Süßer schwarzer Reis

Für 4 Portionen
500 g schwarzer Reis
500 ml Kokosmilch
125 g Zucker
80 g Kokosraspeln
90 g Palmzucker
1 Prise Salz

Den schwarzen Reis unter fließendem Wasser gründlich waschen und über Nacht in Wasser einweichen. Abgießen, in einen Dämpfeinsatz geben und bei starker Hitze im Wok 20 Minuten über siedendem Wasser dämpfen.

Die Hälfte der Kokosmilch mit dem Zucker verrühren und gut mit dem heißen gedämpften Reis mischen. Beiseitestellen.

Kokosraspeln, die übrige Kokosmilch, Palmzucker und das Salz in einem Topf bei starker Hitze so lange unter Rühren kochen, bis die Masse beinahe trocken ist. Den schwarzen Reis damit bestreuen und noch warm servieren.

Zubereitungszeit: ca. 20 Minuten (plus Einweich- und Kochzeit)
Pro Portion ca. 802 kcal/3360 kJ | 32 g F, 157 g KH, 39 g E

Rezeptverzeichnis